Àngels Navarro

100
cosas
que puedes
hacer
aunque seas
mayor

terapias**verdes**

Argentina – Chile – Colombia – España
Estados Unidos – México – Perú – Uruguay

A medida que pasan los años, cada generación alcanza una edad superior
a la anterior. Por suerte, la esperanza de vida ha aumentado y además el tiempo
de incapacidad de los ancianos se ha reducido al último o a los dos últimos años
de vida (esperanza de vida saludable). Pero el envejecimiento es irreversible,
es un conjunto de procesos biológicos determinados genéticamente.
¡Todos seremos mayores!

La vejez es la culminación de un proceso vital que va desde nuestro nacimiento
pasando por la madurez hasta llegar a la última etapa de nuestra vida.
Según vivamos las primera etapas, llegaremos a la vejez de una u otra manera.
El declive viene determinado, en gran medida, por factores relacionados
con el estilo de vida de la etapa adulta. La edad cronológica no es un indicador
exacto de los cambios que acompañan al envejecimiento. Existen considerables
variaciones en el estado de salud, la participación y los niveles de independencia
entre las personas ancianas de la misma edad.

A finales de los 90, la OMS acuñó el término "envejecimiento activo" que amplió
la visión de lo que hasta entonces se conocía como "envejecimiento saludable".
Planteó un concepto de envejecimiento que se prepara a lo largo de toda la vida,
potenciando el bienestar físico, social y mental. No hay que esperar
a la vejez para adoptar un estilo de vida saludable. La actividad física adecuada,
una alimentación sana, el control de la salud, la formación permanente,
las relaciones sociales... son importantes en todas las etapas del curso vital,
si queremos evitar o retardar el declive, prolongar la longevidad y mejorar
la calidad de vida en nuestra etapa final.

Afrontar la vejez con independencia, autonomía, salud, capacidad cognitiva, fortaleza emocional y calidad de vida, es lo que pretende divulgar este libro.

En él encontrarás:
· Actividades recreativas y de ocio.
· Voluntariado.
· Actividades culturales.
· Actividades educativas y de formación.
· Compromiso con la comunidad.
· Participación activa con la familia.

Todas ellas divertidas, sorprendentes, transgresoras y arriesgadas, que llenarán de ilusión esta última gran etapa; y además, contribuirán a crear una imagen positiva de las personas mayores, fortaleciendo vínculos intergeneracionales tan necesarios para que la tercera edad sea comprendida y respetada.

Àngels Navarro

1 SÚBETE A UN GLOBO AEROSTÁTICO

Seguro que piensas que volar en globo es adrenalina pura, pues todo lo contrario, la **sensación de ingravidez y de silencio** te harán sentir una **paz interior** cómo nunca antes habías sentido.

TE SENTIRÁS PASAJERO DEL VIENTO.

Un globo aerostático es un artefacto anacrónico que flota en el cielo llevado por el viento. Un quemador de gas propano calienta el aire que hay dentro del globo para que sea menos denso que el aire exterior y de esta manera se eleve. El viento se encarga de lo siguiente.

Sin timón, sin volante, simplemente con una cuerda que abre y cierra la válvula del quemador, **el globo irá buscando las corrientes de aire y volará.**

¡NO TE PIERDAS ESTA EXPERIENCIA ÚNICA!

2

SELLA TU AMOR COLGANDO UN CANDADO EN UN PUENTE

Así lo hacen los protagonistas del libro *Tengo ganas de ti*, de Federico Moccia. Y a partir de esa historia, miles de enamorados cuelgan candados, para simbolizar su amor eterno, en distintos puentes del mundo:

PUENTE DE LAS ARTES EN PARÍS
PUENTE MILVIO EN ROMA
PUENTE VIEJO DE FLORENCIA
PUENTE DE BROOKLYN EN NUEVA YORK

¿CONOCES LA LENGUA DE SIGNOS?

Las personas no solo podemos comunicarnos a través del lenguaje hablado; **la lengua de signos** que utilizan las personas sordas **tiene la estructura de una verdadera lengua** y sirve para que las personas que son sordas y las que se relacionan con ellos puedan comunicarse.

Se basa en **gestos realizados con las manos** que representan palabras y frases. Existe también un alfabeto manual que contiene un signo para cada letra.

Hay 360 millones de personas que sufren discapacidad auditiva y existen **más de 150 lenguas de signos** diferentes en el mundo.

¿TE GUSTARÍA APRENDER UN ALFABETO MANUAL?

4 EMPIEZA A ESCRIBIR UN LIBRO

Empieza pensando una idea para tu historia. Fíjate en la actualidad, también puedes hurgar en tu pasado o inventar una historia fantástica.

A continuación, busca la estructura de tu relato. La **estructura** de una **historia es la trama**. Trabajar bien la trama facilita la fluidez de la escritura. La trama es el **cuerpo de la historia**, es el conjunto de acontecimientos que ocurren en ella. Está compuesta por lo que quieren lograr los personajes y los principales obstáculos, avances o giros que les suceden. Se divide en: **introducción, desarrollo o nudo y desenlace**.

Si estructuras una trama antes de empezar a escribir la historia, te aseguras de que la introducción avance tranquilamente hacia el desarrollo, y el final sea el resultado de lo sucedido antes.

CUESTIONES QUE DEBES SABER PARA ESTRUCTURAR TU HISTORIA

La introducción:

- El principio de un libro es muy importante, en el se da a conocer el ambiente donde tendrá lugar la historia y se presentan los personajes.
- Debes procurar incluir en la introducción, información para sabe de qué tipo de historia se trata (histórica, de intriga, de aventura,...).
- Presenta o di algo de los personajes (nombre, edad, descripción...)
- Da también pistas sobre el escenario y la situación (un bosque, el interior de una casa).
- Intenta escribir la introducción con informaciones interesantes, intrigantes, sorprendentes, y provocar que el lector se entusiasme y tenga ganas de seguir con la lectura.
- Procura incluir solo lo esencial, no atiborres la introducción de mucha información.

El desarrollo:

- Aquí se incluye la dirección y la velocidad que va a tomar la historia.
- En esta parte de la historia se describe el conflicto que une y/o complica a los personajes. El conflicto es el motor de la narración, es el eje que guía la tensión. Si no existe tal complicación, no hay trama. El problema o discrepancia que motiva la trama crea tensión narrativa.

El desenlace:

- Es dónde se alivia la tensión antes creada y se explica la situación final de los personajes.
- ¿Qué tipo de final quieres?, ¿qué tipo de final pide tu historia?
- ¿Quieres que la historia quede completamente resuelta o solo parcialmente?
- ¿Se trata de la solución de un problema? ¿De un aprendizaje? ¿O prefieres un desenlace pacífico después de una trifulca?

5 CANTA EN UN KARAOKE

En tu barrio, en tu pueblo, donde veraneas..., seguro que hay un karaoke.
Deja a un lado la vergüenza, el pudor y las manías y afronta la actividad con
desinhibición e incluso descaro, si no, vas a llevarte un sofocón de los grandes.

PLANEA LA VELADA
JUNTO A TUS AMIGOS,
¡SEGURO QUE SERÁ
MUCHO MÁS DIVERTIDO!

Por si quieres ensayar antes en casa y convertirte en la estrella de la noche, aquí tienes una lista de hits para karaoke que encontrarás en Spotify.

LIBRE de Nino Bravo

MI GRAN NOCHE de Raphael

RESISTIRÉ del Dúo Dinámico

LA PUERTA DE ALCALÁ, de Ana Belén y Víctor Manuel

SARANDONGA de Lolita

AY, MAMÁ de Rigoberta Bandini

A QUIÉN LE IMPORTA, Alaska y Diorama

SOLO SE VIVE UNA VEZ de Azúcar Moreno

19 DÍAS Y 500 NOCHES de Joaquín Sabina

DESPACITO de Luis Fonsi

LA FLACA de Jarabe de Palo

UNA LÁGRIMA de Peret

BAILAR PEGADOS de Segio Dalma

UN VELERO LLAMADO LIBERTAD de José Luis Perales

MALAMENTE de Rosalía

BOMBA de King África

VIVIR ASÍ ES MORIR DE AMOR de Camilo Sesto

ESA COBARDÍA de Chiquetete

6 JUEGA

Juega al ajedrez, a las damas, a cartas.
Monta puzles, encuentra salida a laberintos,
resuelve crucigramas, sudokus y sopas de letras.
Todas estas actividades mejoran tus capacidades cognitivas.

¡TU CEREBRO TE LO VA A AGRADECER!

7 DE CASA A SALA DE EXPOSICIONES

- Convierte tu casa en una sala de exposiciones fotográficas temporal.

- Busca entre álbumes y cajones fotografías personales y familiares: de los abuelos, de fechas señaladas, de viajes y actividades...

- Organízalas cronológicamente. Preocúpate de conocer a todas las personas que salen en las fotos y dónde se realizaron. Para hacer una buena guía de la exposición, te será necesario saberlo.

- Quizás debas agrandar algunas. Puedes hacer fotocopias ampliadas.

- Pégalas encima de cartulina o de cartón pluma, la exhibición será mucho más bonita.

- Organiza un circuito en tu casa y coloca o cuelga las fotos.

- Solo te queda diseñar una invitación y mandarla a la familia y amigos. ¡No te olvides de la fecha de inauguración!

8

APRENDE TRES PALABRAS NUEVAS CADA DÍA

Consulta el diccionario, un periódico, Internet, la radio...
Selecciona tres palabras que te llamen la atención, busca su significado y crea tu propio diccionario anotando todas las palabras con sus definiciones en una libreta.

Al cabo de **un mes** habrás aprendido **90 palabras nuevas**.
Al **año**, **1095 palabras nuevas** formarán parte de tu diccionario.
A los **10** años habrás aprendido **10 950 palabras**.

¿QUÉ TE PARECE LA CANTIDAD?

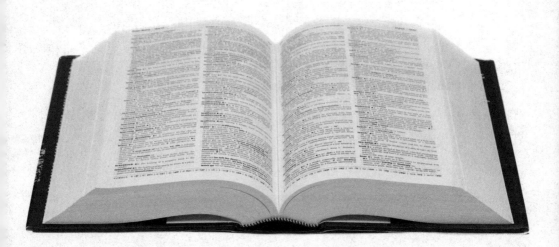

9 OBSERVA EL CIELO UNA NOCHE DE VERANO

¡EL CIELO HABLA!

Sin otro instrumento que la simple mirada puedes observar el fascinante espectáculo del universo de noche.

¿QUÉ PODRÁS VER AL LEVANTAR TU MIRADA?

El cielo es totalmente cambiante, los planetas hacen recorridos entre las estrellas y las estrellas salen cada día 4 minutos más tarde.

No todas las estrellas brillan igual, depende de su tamaño y su intensidad y también de la distancia que se encuentran de la Tierra.

Los cuatro planetas más brillantes son: Venus, Marte, Júpiter y Saturno. Los cuatro son visibles entre las estrellas.

EN UN MES, LA LUNA CAMBIA DE APARIENCIA
CADA DÍA EN FUNCIÓN DE LA POSICIÓN
DE LA LUZ DEL SOL. LAS PRINCIPALES FASES
DE ESTOS CAMBIOS TIENEN UN NOMBRE.

LUNA LLENA

MENGUANTE GIBOSA   CRECIENTE GIBOSA

CUARTO MENGUANTE   CUARTO CRECIENTE

LUNA MENGUANTE   LUNA CRECIENTE

10 NUNCA ES TARDE PARA PEDALEAR

¿Hace tiempo que no has montado en bicicleta? ¿Te da miedo? ¿Has olvidado cómo se hace?

Dicen que las **destrezas y habilidades motoras se almacenan en la memoria procedimental** y son conocimientos automáticos y para toda la vida.

O sea, que a perder el miedo y a disfrutar de los grandes beneficios que brinda andar en bicicleta a las personas mayores.

¡LA BICICLETA ES UNA MEDICINA SOBRE RUEDAS!

Solo 10 minutos de pedaleo ya repercuten en tu musculatura, el riego sanguíneo y las articulaciones. Además, al ganar mayor densidad ósea, los huesos se pondrán más fuertes y serán menos propensos a sufrir fracturas, entre otros beneficios. Al mismo tiempo, se fortalecen los ligamentos y tendones, rebajando la inflamación de la artrosis. A partir de 30 minutos hay influencias positivas en las funciones del corazón y a partir de 50 minutos se estimula el metabolismo graso.

¡ATENCIÓN!
Aunque no exista una edad concreta en la cual las personas deben dejar de realizar actividad deportiva, debes tener en cuenta tus condiciones físicas y médicas.
Si no es posible incorporar la bicicleta a tu rutina diaria, simplemente monta en bicicleta para realizar un pequeño paseo en compañía.

11

ESCRIBE AQUÍ LA PEOR COSA QUE PUEDEN DECIR DE TI

ESCRIBE AQUÍ LA MEJOR COSA QUE PUEDEN DECIR DE TI

12 COCINA UN PLATO QUE NUNCA HAYAS PREPARADO ANTES

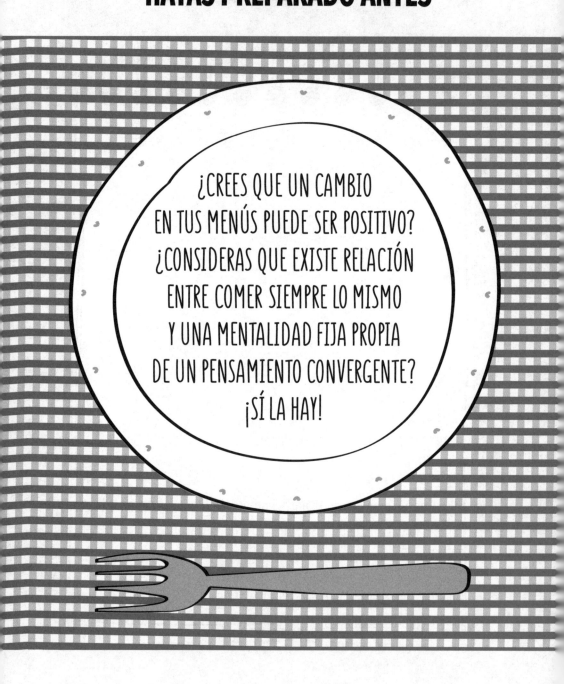

¿CREES QUE UN CAMBIO
EN TUS MENÚS PUEDE SER POSITIVO?
¿CONSIDERAS QUE EXISTE RELACIÓN
ENTRE COMER SIEMPRE LO MISMO
Y UNA MENTALIDAD FIJA PROPIA
DE UN PENSAMIENTO CONVERGENTE?
¡SÍ LA HAY!

Prueba con esta receta distinta o busca otra.

DADOS DE CORDERO CON MIEL Y YUCA FRITA

Ingredientes 4 pers.: 500 gr de cordero deshuesado, 2 cebolletas, 1 zanahoria, 1 diente de ajo, 1 pimiento rojo, 1 yuca, 1 cucharada de miel, 3 tomates para hacer salsa, aceite, 1 cucharada de harina, sal y azúcar.

1 Para empezar, sofríe los tomates rayados en una sartén. Échales sal y azúcar.

2 A continuación, echa un poco de aceite en una cazuela y después los trozos de cordero. Mézclalos. Al cabo de 10 minutos añade las cebolletas, la zanahoria y el pimiento cortado a trozos. Remuévelo continuamente.

3 Cuando la verdura ya esté un poco hecha, añade una cucharada de harina y la salsa de tomate bien hecha para que no sea ácida. Añádale la sal y vierte agua en la cazuela hasta cubrir la carne. Déjalo cocer a fuego lento y tapado para que la carne quede blanda.

4 Durante los últimos 5 minutos deja la cazuela destapada y añade una cucharada de miel.

5 Mientras, ve preparando la yuca. Primero, pélala y córtala en 4 trozos. Ponla a hervir con agua y sal. Cuando esté tierna, escúrrela y déjala enfriar.

6 Una vez fría, corta la yuca en trozos alargados, asegurándote de sacar la parte dura que tiene en el centro. Fríela con abundante aceite hasta que esté dorada.

13 MANDA UN MENSAJE EN UNA BOTELLA

Se cree que la primera botella con mensaje fue enviada en el año 310 a. C., por una alumno de Aristóteles para demostrar que las aguas de Mediterráneo estaban formadas por un flujo que procedía del Atlántico. Desde entonces, muchas botellas habrán sido lanzadas al mar y la tuya va a ser una más.

- Busca una botella que no sea muy oscura, la persona que la recoja podría tirarla a la basura y no enterarse que dentro lleva una mensaje.

- Escribe el mensaje; puede ser un mensaje de amor, un mensaje encriptado, un mensaje con un texto talismán para conseguir buena suerte... Puedes tomártelo como un pequeño ejercicio de escritura.

- Enrolla el mensaje, rodéalo y átalo con hilo de pescar dejando un trozo de hilo colgando del mensaje.

- Desliza lentamente el papel dentro, y ata al cuello de la botella el hilo suelto. Pon el tapón y si quieres, séllalo.

- Lanza la botella al mar o a un río aprovechando la corriente del agua.

YA SOLO QUEDA QUE ALGUIEN LO ENCUENTRE. NO QUIERO DESANIMARTE, PERO EL 97% DE LOS MENSAJES NUNCA SON ENCONTRADOS.

14

ORGANIZA UN FIN DE SEMANA SIN TELEVISIÓN NI COCHE

En España hay más de 29 millones de automóviles. ¡Imagínate los grandes daños que esto supone en el medio ambiente! Cada vez existen más acciones para desincentivar el uso del coche y promover medios de transporte más eficientes.

Otro artefacto que se ha adueñado del mundo en poco más de medio siglo, es la televisión. Se calcula que una persona consume más de 28 horas de televisión a la semana. Actividad a la que dedicamos más tiempo después del trabajo y el descanso.

Aporta tu granito de arena y proponte el siguiente reto: pasar un fin de semana sin coche ni televisión.

Deberás buscar alternativas a ambas cosas, aquí tienes algunas ideas: trasládate en tren, metro, autobús, bicicleta, patinete... Lee, habla, pasea, ve al teatro o al cine, planifica visitas culturales, come con amigos, asiste a un concierto, practica deporte, organiza una fiesta, cocina...

CAMBIA DE PEINADO POR UN DÍA

¿Desde cuándo llevas el mismo peinado? ¿Te has atrevido alguna vez a probar un cambio de look? ¿Te da miedo a que quede mal?, ¿a que se estropee tu pelo?, ¿a gastar el dinero en vano?, ¿a tener que esperar tiempo hasta recuperar tu pelo anterior?

CAMBIA POR UN DÍA. ARRIÉSGATE.

Distintas sugerencias para un cambio original.

PARA LAS MUJERES:

- Atrévete a lucir un color intenso: utiliza un espray de tinte rosa neón.
- Añade a tu pelo un flequillo postizo.

- Cambia de color: Para pelo rubio y canoso: baño de color con henna o con remolacha, un espray aclarante o la manzanilla. Para castaño y moreno: una simple cucharada de café molido añadido al acondicionador que utilices habitualmente es suficiente.
- Ponte extensiones de pelo sintético o postizos.
- Ponte trenzas africanas pegadas, mezcladas con materiales de colores
- Péinate hacia atrás con cera, hazte un recogido, cambia la raya de lado...

PARA LOS HOMBRES:

- Decolórate el pelo, es lo que aportará más sensación de cambio.
- Utiliza espray de colores.
- Cámbiate el peinado: con flequillo, rizado, recogido en una coleta, rapado, hacia atrás, con tupé...
- Aplícate gel o gomina con efecto mojado.

EXPERIMENTA LA BELLEZA DE LO DIMINUTO

No hay muchas posibilidades de observar a través de un microscopio, pero al menos una vez en la vida debes vivir esta experiencia. Si cambiamos la perspectiva, todo tiene un aspecto muy distinto del que conocemos.

Los objetos más cotidianos ocultan una belleza espectacular, inigualable. Busca en un museo de ciencias, en una escuela, en un laboratorio...

¡NO PUEDES PERDÉRTELO!

Prueba con:

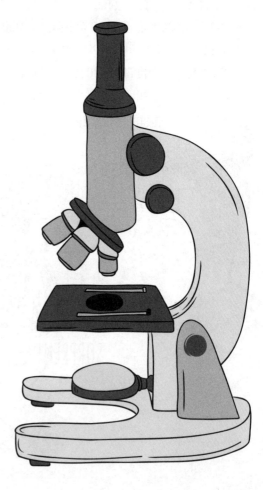

- Una pluma de pájaro.
- Una hoja de árbol.
- El ala de una mariposa.
- Una gota de sangre.
- Agua estancada.
- Tiza.
- Tejido.
- Una esponja de baño.
- Una cuerda de guitarra.
- Las cerdas de un cepillo.
- Un auricular.
- Sal.
- Un arándano.
- Una cola de gamba.
- Un grano de maíz.
- Piel de plátano.
- Un trozo de coliflor espigada.

17 RIE POR LO MENOS DIEZ VECES AL DÍA

REÍR ES SALUDABLE

No solo permite alcanzar un estado de placer, sino que desencadena una gran carga emocional positiva.

No dejes nunca de buscar emociones positivas asociadas al placer, al compromiso con tus valores y al sentido de tu vida.

No mantengas aquellos pensamientos que hacen que dudes de ti mismo.

Valora lo positivo por encima de lo que has sufrido.
Aférrate a la felicidad.

SONRÍE, LA VIDA TE PUEDE SORPRENDER SI LO HACES.

18 LEE UN LIBRO

QUIZÁS HAYAS LEÍDO MUCHO, PERO QUIZÁS NO.
SI ES ASÍ, PIENSA QUE NUNCA ES TARDE.
CUALQUIER SELECCIÓN ES SUBJETIVA,
PERO AHÍ TIENES VEINTICINCO IMPRESCINDIBLES.

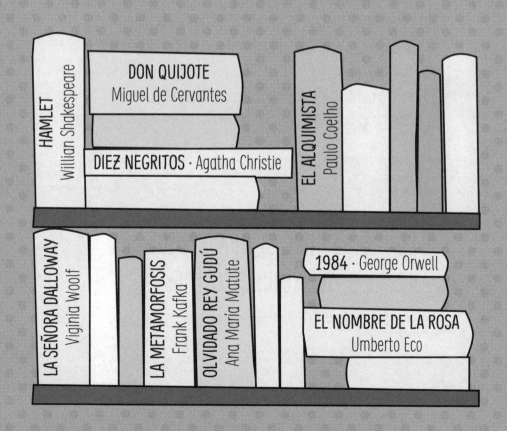

HAMLET · Willian Shakespeare

DON QUIJOTE · Miguel de Cervantes

DIEZ NEGRITOS · Agatha Christie

EL ALQUIMISTA · Paulo Coelho

LA SEÑORA DALLOWAY · Viginia Woolf

LA METAMORFOSIS · Frank Kafka

OLVIDADO REY GUDÚ · Ana María Matute

1984 · George Orwell

EL NOMBRE DE LA ROSA · Umberto Eco

NIEBLA · Miguel Unamuno

LA CASA DE LOS ESPÍRITUS
Isabel Allende

EL GUARDIÁN ENTRE EL CENTENO
J. D. Salinger

EL RETRATO DE DORIAN GRAY
Oscar Wilde

EL SEGUNDO SEXO Simone de Beauvoir

YERMA Federico García Lorca

INÉS Y LA ALEGRÍA Almudena Grandes

EL CÓDIGO DA VINCI
Dan Brown

EL PRINCIPITO Antoine de Saint-Exupéry

RAYUELA · Julio Cortázar

CINCO HORAS CON MARIO
Miguel Delibes

**LAS AVENTURAS DE ALICIA EN EL PAÍS
DE LAS MARAVILLAS** · Lewis Carroll

LA MONTAÑA MÁGICA Thomas Mann

TOKYO BLUES Haruki Murakami

EL SEÑOR DE LAS MOSCAS
William Golding

CIEN AÑOS DE SOLEDAD
Gabriel García Márquez

APRENDE A TOCAR UN INSTRUMENTO

La música es la combinación ordenada y armónica de sonidos y silencios que llega de manera agradable a nuestros oídos y nos emociona. Para crear música tenemos muchos instrumentos, ¿te atreves con alguno de ellos?

NUNCA ES DEMASIADO TARDE

Aprender a tocar un instrumento siendo senior te ayudará a estimular el cerebro, a aliviar el estrés, a mejorar la memoria y a frenar el envejecimiento cerebral.

No se trata de convertirte en un virtuoso de la música. Lo importante es elegir un instrumento que no agrave los problemas musculares y óseos propios de la edad. El ukelele, la guitarra o el teclado son una buena elección.

Muchos ayuntamientos organizan cursos de música para adultos. También existen academias y profesores particulares y muchos tutoriales en Internet. Te será fácil encontrar dónde aprender. Debes establecer objetivos, razonables y celebrar cada pequeño paso.

20 REGALA LO QUE NO USES A ALGUIEN QUE LO NECESITE

Reutilizar significa cambiar el chip en nuestros hábitos de compra y abandonar la idea del "usar y tirar". Reutilizar es alargar la vida útil de los objetos y los materiales dándoles una segunda oportunidad. Esta actitud, ayudará a tu bolsillo y aportará grandes beneficios al medio ambiente.

Cuando hablo de reutilizar, no me refiero solo a utilizar los objetos en desuso para hacer manualidades, sino a reparar todo lo que sea reparable para evitar nuevas compras, reconvertir piezas de ropa, reutilizar el agua, aprovechar el papel, usar artículos recargables...

REUTILIZAR ES UNA DE LAS CLAVES PARA UN MUNDO MÁS SOSTENIBLE

Cada vez existen más mercados y tiendas de segunda mano que dan respuesta a una nueva forma de consumo sostenible y con conciencia. La cantidad de visitantes que acogen nos indica el cambio de mentalidad de la gente.

Así que antes de tirar un objeto plantéate si puedes darle otra utilidad o, si se lo regalas a alguien, que lo necesite o que sepa convertirlo en un objeto de nuevo útil.

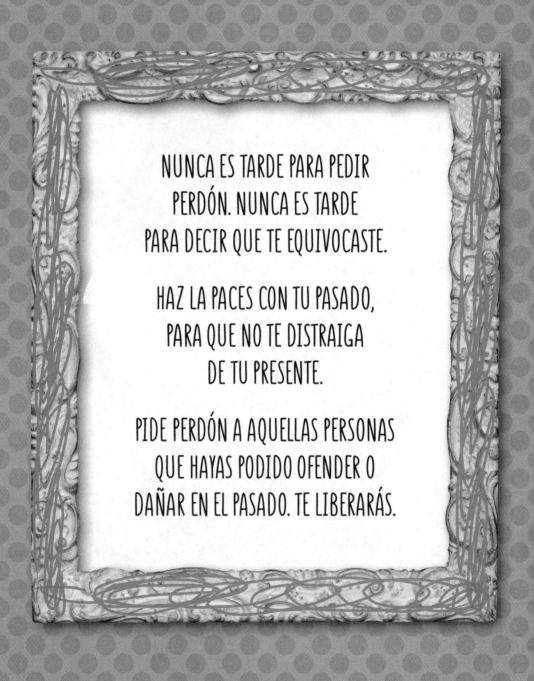

NUNCA ES TARDE PARA PEDIR
PERDÓN. NUNCA ES TARDE
PARA DECIR QUE TE EQUIVOCASTE.

HAZ LA PACES CON TU PASADO,
PARA QUE NO TE DISTRAIGA
DE TU PRESENTE.

PIDE PERDÓN A AQUELLAS PERSONAS
QUE HAYAS PODIDO OFENDER O
DAÑAR EN EL PASADO. TE LIBERARÁS.

22 HAZ DE EXTRA EN UNA PELÍCULA

Para ser extra o figurante en un rodaje de televisión, cine o publicidad puedes inscribirte en una agencia de trabajo que esté especializada en este sector, o bien consultar en Internet donde, a menudo, aparecen convocatorias de casting hechas por estudiantes de cine y publicidad; convocatorias no retribuidas, pero que te permitirán vivir la experiencia.

No es necesario tener un perfil concreto para lograr un papel de extra en un rodaje, tal como ocurre en la vida real, en las películas, series y anuncios publicitarios se necesitan interpretar a todo tipo de personas y perfiles.

¿A QUÉ ESPERAS?
¡LO QUE TE VAS A DIVERTIR!

23 ESCRIBE UNA CARTA A UN PERSONAJE QUE ADMIRES

Seguro que en algún momento de tu vida has tenido la intención de escribir una carta a alguien que admiras: un deportista, un escritor, un científico, una celebridad del cine o la televisión, alguien que ha logrado grandes cosas...

Posiblemente, deberás llegar a ellos a través de su representante, su club, las entidades de gestión o la página web del propio personaje. Asegúrate de obtener la dirección de correo postal o su correo electrónico. También puedes decidir escribir la carta sin mandarla, simplemente como un ejercicio de escritura comunicativa. De esa manera, podrás añadir a la lista, personajes históricos que admires.

GUÍA SOBRE CÓMO ESCRIBIR UNA CARTA A UN PERSONAJE FAMOSO:

- Procura que la carta no sea muy larga, es mejor corta, directa, correcta y sincera.
- Empieza la carta con un saludo educado (Estimada/o, Querida/o, etc.) no con un "Hola ¿qué tal?"
- A continuación, preséntate.
- Cuéntale cómo has conocido su trabajo.
- Sigue la carta expresándole lo que le admiras. Manifiéstale tu empatía e incorpora comentarios positivos sobre su trabajo.
- Coméntale por qué has decidido escribirle.
- Explica cuáles son tu planes y en qué te has inspirado de él/ella, en qué te sientes identificado con él/ella, qué cosas te parece que tenéis en común, etcétera.
- Termina la carta agradeciéndole el tiempo que ha pasado leyéndola.
- Despídete con un "Sinceramente" y tu nombre.

TEN PACIENCIA AL ESPERAR SU RESPUESTA Y, SI NUNCA TE RESPONDE, PIENSA QUE DEBE TENER MUCHAS OCUPACIONES. TÚ YA HAS CUMPLIDO CON TU PROPÓSITO.

24 HAZ DE VOLUNTARIO PARA LIMPIAR PLAYAS Y BOSQUES

¿Sabes lo que tardan los residuos que tiramos en descomponerse?
Lee esta tabla y no te asustes.

Residuos orgánicos	1 mes	Zapatos de piel	50 años
Papel y cartón	1 año	Bolsas de plástico	150 años
Madera	2 a 3 años	Juguetes de plástico	300 años
Chicles	5 años	Botellas de plástico	450 años
Latas	10 años	Pañales	500 años
Aerosoles y tetrabriks	30 años	Ruedas de coche	500 a 900 años
Ropa sintética	40 años	Pilas	1000 años

¿CÓMO TE QUEDAS?

Las playas y los bosques son los entornos en mayor riesgo de sufrir contaminación por los residuos vertidos. Como ciudadanos, cada vez somos más conscientes de la importancia que tiene cuidar el medio ambiente para la conservación de la biodiversidad y de la necesidad de dejar a nuestros hijos y nietos un planeta mejor.

Diversas ONG's, asociaciones y administraciones lanzan campañas de prevención y concienciación y organizan batidas de limpieza. En el año 2020 se organizaron 168 batidas por campos, bosques y montes de España y se retiraron 13,4 toneladas de basura. Por playas y mares, se recogieron 4,6 toneladas de basura; eso nos indica que se tiran diariamente más de 126 toneladas de residuos al mar.

Colaborar en estas batidas es un acto de responsabilidad y civismo. No dudes en participar en alguna.

¡TE SENTIRÁS MUY SATISFECHO DE HABER COOPERADO!

25 ¡TATÚATE!

Actualmente, los tatuajes son un auténtico fenómeno social y estético. Están asociados a la gente joven, extravertida, con tendencia al riesgo y con ganas de destacar. Pero ¿tú serías capaz de hacerte un tatuaje para unos días? Si te decides por un tatuaje temporal, no tendrás que pasar por ninguna experiencia dolorosa, y además, no cargarás para siempre con una imagen grabada en tu cuerpo.

Existen profesionales que se dedican a la realización de tatuajes temporales, pero si te atreves, puedes hacerlo en casa fácilmente.

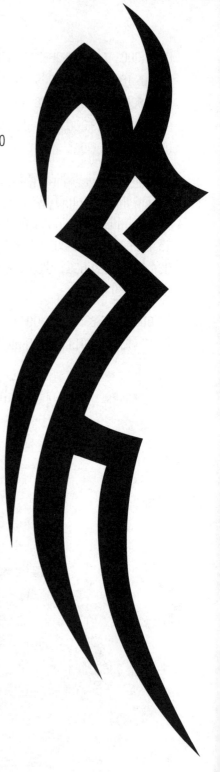

NECESITARÁS:

- Papel vegetal y lápiz de punta gruesa
- Alcohol y algodón
- Un paño húmedo
- Un delineador opaco o un marcador
- Un lápiz de ojos negro
- Una brocha de maquillaje
- Talco
- Antiséptico en espray o laca del pelo

PASOS A SEGUIR:

1. Primero debes elegir la imagen que quieres tatuarte. Busca un diseño que te guste en libros o en Internet.

2. Decide en qué parte del cuerpo te lo vas a hacer. Debes saber que las áreas sin mucho vello son las más sencillas. Mejor que elijas una zona que no se empape de sudor fácilmente. También es preferible que sea un lugar de fácil acceso.

3. Pasa un algodón con alcohol por la zona de tu cuerpo en la que quieras dibujar el tatuaje.

4. Una vez que tengas la zona del cuerpo y el diseño, deberás calcar el contorno del dibujo en una hoja de papel vegetal con el lápiz grueso.

5. Coloca el papel vegetal en la zona deseada y con el dibujo hacia tu piel. Presiona y frota por encima con el paño húmedo durante 1 minuto.

6. Espera 1 minuto más y retira el papel. El dibujo debería haber quedado dibujado en tu piel si lo has hecho bien.

7. Puedes repasarlo con un rotulador permanente fino para que solo te quede rellenarlo.

8. Rellénalo con un lápiz de ojos negro o con el delineador líquido o con el marcador negro, lo que tu prefieras.

9. Para que dure más días, espolvorea un poco de talco para bebé sobre la zona y con la brocha de maquillaje ve cubriendo todo el tatuaje.

10. Espera 5 minutos y rocía un poco de antiséptico en espray (o en su lugar laca para el cabello) para fijar el dibujo.

11. Deja que la humedad del espray se seque y sacude el excedente de talco.

12. Sudar, rozar constantemente el tatuaje o utilizar productos químicos o cosméticos sobre el área, reducirá su tiempo de vida. Cuanto menos lo laves y frotes, mayor duración conseguirás.

26 CONSTRUYE UN JARDÍN ZEN

Construir un jardín zen en casa, más allá de ser una actividad de ocio, te incita a la meditación. Los elementos de estos jardines orientales están al alcance de todos: arena y piedras. Su principal objetivo, aparte del decorativo, es sugerir la naturaleza y proporcionar serenidad interior y relajación a través de su belleza y elegancia. Por sus dimensiones, puede colocarse encima de una mesa en estancias como el estudio, el salón o el recibidor.

CÓMO CONSTRUIRLO:

1. Decide las medidas que quieres que tenga el jardín. Dependerá del espacio que dispongas. 60 cm x 40 cm son unas buenas dimensiones.

2. Construye tu propio contenedor con tablas o planchas de madera. Es importante que quede bien fijado, ya que más tarde deberás introducir en él la arena y el resto de elementos naturales. El contenedor debe ser poco profundo, no más de 15 cm. Es recomendable recubrir el fondo del contenedor con un material impermeable, como un plástico. Si no te ves capaz de construirlo, puedes comprarlo hecho.

3. Una vez tengas el contenedor, es momento de introducir la arena, las piedras y otros elementos de vegetación, como musgos o troncos. Ten en cuenta la sencillez, no pongas colores llamativos. Es recomendable que las rocas estén dispuestas en grupos de tres, en líneas rectas o en patrones simétricos, de manera armónica. Los jardines zen manejan los elementos del Yin y del Yang, buscan el equilibrio en su estructura.

4. Rastrilla la arena en movimientos largos y curvos para representar las ondulaciones del agua.

¡PUEDES CAMBIARLO TANTAS VECES COMO QUIERAS!

27 REENCUÉNTRATE CON UN AMIGO DE LA INFANCIA

Prácticamente siempre, la vida nos aleja de nuestros amigos de la infancia y la juventud, pero con la edad se disparan recuerdos de los momentos vividos junto a ellos o ellas y nos preguntamos dónde encontrarlos.

¿Te gustaría saber qué ha sido de la vida de tu amigo o amiga del alma? Decídete e inicia la búsqueda. Puedes intentarlo a través de un amigo en común o a través de un miembro de su familia.
Que tú no sepas nada de él o ella no quiere decir que los demás tampoco. Preguntar a amigos en común o al resto de conocidos de esta persona será el punto de partida perfecto para conseguir encontrarle.
Si te dicen que se ha mudado a otra ciudad, puedes pedir su teléfono y sus datos de contacto y sino, encontrar algunas pistas que te permitan encontrar a esta persona.
Si tienes su antiguo número de teléfono y piensas que todavía lo mantiene, intenta llamar, quizás te responde un familiar o alguien que pueda darte alguna información.
También puedes recurrir a Internet y a las redes sociales como Facebook e Instagram, pero por la edad, no será fácil encontrarlo por esta vía.

¡PERSISTE, NO TE RINDAS!

Seguro que consigues encontrarlo. Reencontrarse, después de un largo tiempo, con nuestros viejos amigos nos hace llegar a la memoria, recuerdos que creíamos olvidados. Aparte de revivir nuestro pasado ejercitamos la mente.

28 REFLEXIONA SOBRE EL MUNDO

A menudo comenzamos a actuar y actuar, dejando
de lado la importancia de la reflexión
y el análisis. Una buena actividad
es sentarse con un café o un té
y simplemente analizar
o conversar sobre
los problemas del mundo.
Y para esto es necesario
informarse de la actualidad
a través de la radio,
la televisión, la prensa,
Internet... Existen diarios
y revistas digitales
destinados a la gente
mayor. Solo necesitas tener
un dispositivo (ordenador,
tableta o móvil).

¡NO QUIERAS VIVIR
AISLADO, PARTICIPA
DE LAS INQUIETUDES
DE LA SOCIEDAD!

29 PINTA UN CUADRO

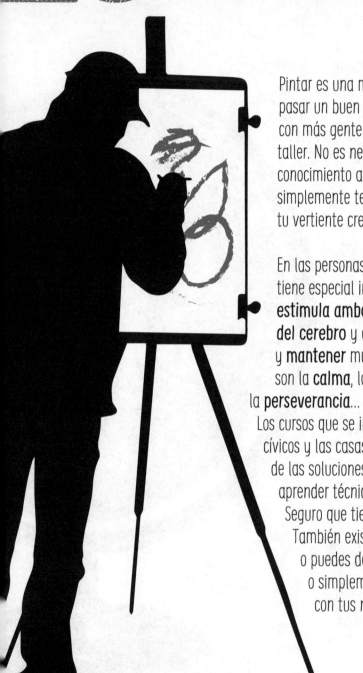

Pintar es una magnífica actividad para pasar un buen rato y comunicarte con más gente si participas en algún taller. No es necesario contar con ningún conocimiento artístico previo, simplemente tener ganas de estimular tu vertiente creativa y emocional.

En las personas mayores, **la pintura** tiene especial importancia, ya que **estimula ambos hemisferios del cerebro** y ayuda a **desarrollar** y **mantener** muchas **capacidades**, como son la **calma**, la **concentración**, la **perseverancia**... Los cursos que se imparten en los centros cívicos y las casas de cultura son unas de las soluciones más económicas para aprender técnicas de pintura. Seguro que tienes alguno cerca. También existen academias de pintura o puedes decidir ser autodidacta o simplemente ¡pintar con tus nietos!

Además de los beneficios mencionados antes, la expresión plástica puede ayudar a:

1. Aumentar la autoestima y la confianza y facilitar el desarrollo personal. Trabajar en tu propia obra de arte (sea como sea) hará que sientas satisfacción y orgullo. Podrás sentir tu valía, que puedes hacer cosas de manera independiente, consiguiendo logros y siendo feliz. Esto repercutirá directamente en tu salud.

2. Que incrementes tu interacción social y que te comuniques con la gente.

3. Fortalecer los sentimientos de bienestar. La pintura actúa como un relajante natural, mejorando la ansiedad y la tensión. Hará que te olvides, por un rato, de tus preocupaciones y tus males.

4. Mejorar la motricidad. Los lápices, los pinceles, los carboncillos o los rotuladores, son idóneos para trabajar los movimientos de los dedos, la mano y el brazo.

5. Activar el cerebro y fomentar la estimulación de las áreas cognitivas. Cuando pintas ejercitas el hemisferio izquierdo, que se ocupa de las tareas lógicas, y a la vez el hemisferio derecho, que se encarga del desarrollo de la creatividad y la imaginación.

APRENDE A CHATEAR

¿PIENSAS QUE CHATEAR ES COSA DE ADOLESCENTES Y MILENIALS? NO TIENE POR QUÉ.

Lo que debes conocer de entrada es que el ciberlenguaje es el lenguaje que se utiliza para comunicarse con los teléfonos móviles u otros dispositivos electrónicos, a través de SMS, chats, foros web y mensajería instantánea. Este lenguaje, debido a la rapidez y al poco espacio del que disponen los mensajes, se caracteriza por la ausencia de normativa, la abreviación, la simbolización y la transgresión de la escritura formal. Se convierte en una especie de código que deberás conocer, si quieres estar a la altura.

Algunas cosas que debes saber:

- Se fusionan palabras con símbolos: xfavor (por favor) o =mnt (igualmente)
- Se mezclan letras y números: d2 (dedos) o 100pre (siempre)
- Caen las vocales, en especial la "a" y la "e" y se utiliza el nombre de las letras para abreviar: crk d ksa (cerca de casa)
- Los artículos y las preposiciones también pierden las vocales: Dl (del) o ntr (entre)
- Se omiten los acentos: Vndre
- Se abrevian al extremo palabras o frases muy utilizadas: TQM (te quiero mucho) o gnl (genial) o nph (no puedo hablar) o ntp (no te preocupes)
- Se aprovechan las abreviaturas estandarizas adaptadas o no.
- Se utilizan emoticonos: XD (carcajada), :o (sorpresa), ;-) (guiñando el ojo), %-) (mareado), :*** (muchos besos), :-& (no puedo hablar), :(((triste)

¿TE ATREVES A DESCIFRAR ESTE MENSAJE?

¿Ola ke ases?
¿Q t pasa? ¿stas :(
Ntp, voy a x ti.
¿A q ora qdamos?
¿Pq no viene Pp?
TQ. :***

¿Hola, qué haces? ¿Qué te pasa? ¿Estás triste? No te preocupes, voy a por ti. ¿A qué hora quedamos? ¿Por qué no viene Pepe? Te quiero. Muchos besos.

31
PÁSALO GENIAL EN UN *ESCAPE ROOM*

Probablemente no sepas lo que es un escape room, pero ten por seguro que es una actividad que no te dejará indiferente, las emociones fuertes y los retos están servidos.

Se trata de una experiencia inmersiva y única, que vivirás en un local totalmente ambientado de manera muy especial, con mecanismos sofisticados, puertas secretas, efectos especiales...; todo preparado para que recibas una gran cantidad de estímulos.

Lo organizan empresas especializadas y se participa en grupo de 2 a 6 personas o en pareja. El objetivo es escapar de una sala y para ello hay una serie de acertijos y enigmas que resolver con ingenio, para ir desenlazando la historia —normalmente de misterio— en la que te has adentrado y en un tiempo límite, que suele ser entre 60 y 80 minutos. Es como si se tratara de una película emocionante que vives desde dentro.

Busca una sala de escape room cerca de donde vives y no te lo pierdas. Gracias a su éxito, existen en muchas localidades de España. Es una buena manera de disfrutar con un grupo de amigos y de estimular tu cerebro.

¿YA TIENES PLAN PARA EL FIN DE SEMANA?

32 ASISTE A UNA CATA DE VINO

Se ha popularizado tanto el vino que existe el llamado turismo enológico, con visitas culturales a bodegas y catas de vino, evento en el que se saborean vinos, mientras un experto hace comentarios, da impresiones y valoraciones sobre ellos.

Con una de estas visitas puedes pasar un día ideal con tu familia o amigos en un entorno natural, conocer los viñedos y la bodega y disfrutar de una cata comentada de vinos, maridados con productos gastronómicos de la zona (embutidos, quesos...).

No hace falta ser experto para disfrutar de una cata, se trata de que te enseñen, a través de la vista, el olfato y, por supuesto, el gusto, a explorar el sabor y las propiedades de un vino, juzgar sus características y resaltar sus cualidades.

Sé prudente, aunque el vino que se consume en un cata es mínimo, debes saber que el alcohol puede estar contraindicado con algún tipo de medicación que tomes o con alguna dolencia que tengas.

33
ANDA SIN ZAPATOS POR EL CÉSPED DE UN PARQUE

Andar descalzo sobre el césped húmedo, aparte de transgredir (que ya es importante a una determinada edad), aporta beneficioso para la salud: mejora la circulación sanguínea, fortalece los músculos de los pies, reduce el dolor de espalda, reestablece la energía, alivia el dolor de cabeza, fortalece el corazón, calma la ansiedad...

¡FUERA ZAPATOS Y A DISFRUTAR!

SALUDA Y CONVERSA
CON TUS VECINOS

Está demostrado que la socialización en las personas mayores tiene efectos beneficiosos para conseguir un envejecimiento saludable. Intégrate en actividades de la comunidad donde vives.

Empieza con los más próximos, los vecinos más próximos.

NO TE OLVIDES DE SALUDARLOS Y CONVERSAR CON ELLOS

Una gran tradición mediterránea son las tertulias a la fresca.

Es una buena manera de finalizar el día olvidándose de las preocupaciones diarias y pasar un rato agradable con los vecinos, debatiendo sobre distintos ámbitos de la sociedad, haciendo memoria de tiempos pasados o cotilleando un poco, ¿por qué no?

35 COLOREA MANDALAS

Los mandalas son representaciones
artísticas espirituales y rituales
de vital importancia tanto
en el hinduismo, como en
el budismo. Representan
el universo y la naturaleza.
Su función para estas culturas
es la meditación y la sanación.
En la actualidad, pintar mandalas
es una práctica muy habitual.
Cuando las pintamos estamos representando
mucho de nuestra vida, de lo espiritual que tenemos
y es algo que nos relaja de manera profunda y nos permite liberar estrés.
También ayuda a mejorar la capacidad de atención y concentración
y la memoria, con lo cual mejoramos la capacidad mental.

- Hay muchos libros donde puedes encontrar todo tipo de mandalas para pintar. También las encontrarás en Internet. Elige el mandala que quieres colorear.
- Busca un sitio tranquilo y siéntate de manera cómoda. Pon música tranquila de fondo.
- Prepara lápices de colores, acuarelas o rotuladores. Recomiendo para empezar los lápices de colores. Debes saber que cada color tiene su significado.
- Hay dos maneras de pintar un mandala, de fuera hacia dentro que significa que quieres buscar en tu interior; y de dentro hacia fuera, que indica tu intención de exteriorizar emociones.

¿CÓMO VAS A PINTARLO TÚ?

36 JUEGA CON TUS NIETOS

Dicen que es estupendo ser padre o madre, para poder llegar a ser abuelo
o abuela.
Pasa un buen rato con tus nietos jugando. La felicidad que vas a sentir será
enorme. Aquí tienes algunos juegos.

CONTACTO CON TACTO

El objetivo de este juego es relajarte y sentir el placer que produce el contacto
de ciertos objetos en la piel. Para ello necesitaréis algunos objetos y materiales:
cinta de seda o raso, esponjas de texturas distintas, cepillo, plumas, papel
de plata, tapón de corcho, cuchara, polvos de talco...

¿Cómo se juega?

El niño o la niña debe tumbarse cómodo y con los ojos cerrados.
Cuando veas que está quieto, deberás acariciarle suavemente con los distintos
objetos que previamente habrás seleccionado.
De esta forma, estimularás su sentido del tacto y se relajará. Según la edad,
puedes ampliar el juego pidiéndole que adivine con qué objeto les acaricias
o bien que diga qué siente (frio, calor, cosquillas, pinchazos...).

¡OS PARTIRÉIS DE RISA CON ESTE JUEGO!

¿Cómo se juega?

- Todos los participantes están de pie con la cabeza mirando hacia arriba y las manos en la cintura. En esta posición se coloca una galleta en la frente de cada uno.
- Cuando se da una señal, los jugadores deberán mover los distintos músculos de la cara para conseguir que la galleta llegue hasta la boca sin caerse.
- Está prohibido tocarla con las manos. Si se cae, hay que volver a empezar. Gana el que consigue dar un mordisco a la galleta. No es fácil.

¡ÑAM! ¡ÑAM!

Un juego motriz que despertará la atención y los reflejos de los más pequeños.

¿Cómo se juega?

- Traza una línea en el suelo y escribe a un lado de la línea la palabra MAR y al otro lado, la palabra TIERRA.
- Los niños y niñas se sitúan a un lado de la línea.
- Uno de los jugadores se encargará de dirigir el juego, e irá diciendo en voz alta MAR, TIERRA, AIRE de una en una y desordenadamente, intentando que los participantes se confundan.
- Cuando se dice MAR habrá que saltar hacia el lado donde está escrita la palabra.
- Si se dice TIERRA, habrá que saltar al lado donde está escrito TIERRA.
- Si se dice AIRE, habrá que dar un salto y quedarse en el mismo sitio en el que están.

MAR

TIERRA

ESPEJO, ESPEJITO

Este es un juego motriz, de reconocimiento de la propia imagen corporal, de atención y autocontrol.

¿Cómo se juega?

• Hay que jugar en pareja. Uno de los dos manda y el otro hace de "reflejo en el espejo".

• El que hace de "reflejo en el espejo" debe imitar exactamente los movimientos del otro. Los movimientos pueden ser con todo el cuerpo, pero deben ser movimientos claros.

• Pasado un rato, los papeles se pueden intercambiar.

• Está prohibido hablar.

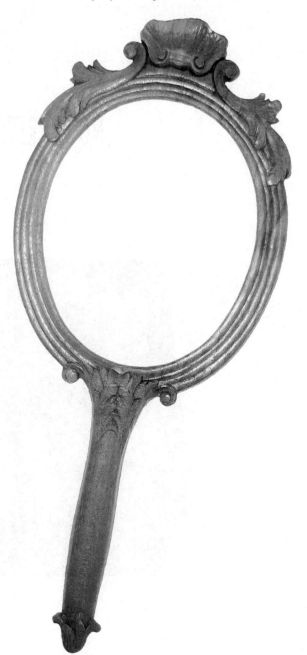

37 REGÁLATE ALGO QUE SIEMPRE HAYAS DESEADO

Adquirimos cosas porque confundimos deseos y necesidades. Nos resulta difícil sentirnos satisfechos con lo esencial. Comprar de forma moderada es lo correcto, pero alguna vez en la vida debes regalarte algo que siempre hayas deseado y ahora es el momento.

¡NO TE PRIVES!

38 APRENDE OTRO IDIOMA

Siempre hemos oído que la mejor edad para estudiar un idioma es de pequeño, pero no es del todo cierto. De adulto la motivación es mucho mayor y el tiempo de dedicación también; el vocabulario es más amplio por lo que la comprensión de conceptos será más fácil; somos más intuitivos y lógicos y nuestro desempeño intelectual es mayor.

Estudiar nos mantiene la **mente activa**, nos ayuda a **mejorar la memoria** y nos permite una **mejor conexión entre neuronas**. Mantener ejercitado el cerebro hace menos frecuente los fallos de sus funciones y esa es la mejor manera de retrasar el envejecimiento.

APRENDER UN NUEVO IDIOMA SOLO APORTA BENEFICIOS. ¡ANÍMATE! ENCONTRARÁS CANTIDAD DE ACADEMIAS Y CURSOS.

DISFRÁZATE

El carnaval se remonta posiblemente a festividades paganas que celebraban los romanos, pero el carnaval casi igual al que celebramos actualmente, es el que se vivía en la Edad Media, justo antes de la Cuaresma cristiana. La fiesta duraba tres días y se comía y bebía sin parar para que los alimentos no se echaran a perder. La gente se disfrazaba y gozaba de una gran permisividad, ya que durante los 40 días de la Cuaresma había que guardar ayuno y abstinencia.

Hoy en día, en todo el mundo el carnaval, es motivo de celebración, siendo algunas ciudades como Venecia y Río de Janeiro muy conocidas por estas fiestas. Si tienes oportunidad de visitar y participar en alguno de estos carnavales, no dejes de hacerlo.

Si no, celébralo en tu localidad, cerca de los tuyos, pero no dejes de disfrazarte.

¡ESE MOMENTO DE DESINHIBICIÓN ES IMPORTANTE!

40 DATE UN PASEO EN LIMUSINA

Alquila una limusina con conductor para disfrutar de una ocasión especial. Aprovecha para invitar a más personas, las limusinas tienen una gran amplitud.

Es un capricho al alcance de todos y te hará sentir la persona más elegante, glamurosa y sofisticada del mundo por un rato. Minibar, equipo de música, pantallas de televisión, luces led, asientos de piel y lujo.

Puedes pedir un desplazamiento concreto o un recorrido por lugares emblemáticos. Sea como sea, seguro que sacarás una sonrisa a tus invitados y pasaréis un buen rato.

TEN EN CUENTA QUE LA BÚSQUEDA DE LO INUSUAL,
LA CURIOSIDAD, LAS NUEVAS MANERAS
DE HACER LAS COSAS, EL PLACER DE VIVIR Y EL RIESGO
SON ALGUNOS DE LOS PRINCIPALES AMIGOS DEL CEREBRO.

ACABA CON LOS PENSAMIENTOS NEGATIVOS

Los pensamientos negativos te provocan sufrimiento e insatisfacción. Te sitúan en un escenario de catastrofismo y en la anticipación de lo peor, y hacen que polarices todo en términos de bueno y malo. Afectan a la motivación y al rendimiento. Te aíslan de los demás.

¡ÉCHALOS FUERA, TE HACEN MAL!

Identifica las áreas de tu vida sobre las que tienes pensamientos negativos y transfórmalos en positivos dirigiendo tu energía a mejorar tus estrategias vitales de prosperidad y felicidad. Busca todo aquello que te haga sentir bien.

PERMÍTETE SONREÍR Y REÍR

42
EMPIEZA UNA CADENA DE FAVORES

¿Has oído hablar del concepto cadena de favores? Surge de una película basada en el libro «*Pay It Forward*» de Catherine Ryan Hyde. El film cuenta la historia de un profesor que pide a sus alumnos que piensen en una idea que cambie al mundo. Una película muy emotiva que invita a abrir nuestra mirada y tomar conciencia de cómo se puede incidir positivamente en el bienestar común y de reflexionar sobre el altruismo.

A uno de los estudiantes, se le ocurre ayudar a tres personas y que a su vez cada una de esas personas hagan lo mismo con otras tres y así sucesivamente. Entonces es solo cuestión de tiempo antes de que estas acciones se extiendan por todo el planeta.

¿Te animas a realizar en tu día a día y desinteresadamente, pequeñas acciones que mejoren la vida de los demás?

TEN POR SEGURO QUE TE SENTIRÁS GRATAMENTE SATISFECHO.

43 VISITA UN ACUARIO

Visitar un acuario es un plan familiar lúdico, pero también es un actividad cultural y sanadora. Numerosas investigaciones demuestran que el hecho de contemplar a los peces nadando en un acuario tiene efectos terapéuticos. Los movimientos acompasados de estos animales, el bamboleo de las plantas y el sonido del agua producen un estado de relajación, reducen el estrés y disminuyen el ritmo cardíaco. La acuariofilia —la crianza y cuidado de peces como afición— es uno de los pasatiempos más populares del planeta.

Actualmente, en España hay muchos acuarios y oceanográficos considerados los mejores de Europa. Busca el acuario más próximo a tu población o lugar donde vivas y organiza una visita.

44 JUEGA A LA RAYUELA

¿De pequeño jugabas a la rayuela en la calle? ¿Y por qué no ahora de mayor? Quizás tus nietos no conocen este juego ni su historia y puedes enseñárselo.

La rayuela es un juego tradicional infantil que se conoce en toda Europa y también en América Latina. En cada país toma un nombre distinto y su origen no está claro todavía. Lo que sí está claro es que es un juego con pedigrí.

Algunos autores creen que el juego ya era conocido en la Grecia clásica y en la Roma Imperial. Otros estudiosos defienden que el juego se basa en el libro de *La Divina Comedia*, de Dante Alighieri. El personaje de la obra, cuando sale del Purgatorio quiere alcanzar el Paraíso y por ello debe pasar por nueve mundos. Es cierto que el juego de la rayuela simula todo esto.

Julio Cortázar en su novela *Rayuela* describe el juego de la siguiente manera:

"La rayuela se juega con una piedrita que hay que empujar con la punta del zapato. Ingredientes: una acera, una piedrita, un zapato, y un bello dibujo con tiza, preferentemente de colores. En lo alto está el Cielo, abajo está la Tierra, es muy difícil llegar con la piedrita al Cielo, casi siempre se calcula mal y la piedra sale del dibujo. Poco a poco, sin embargo, se va adquiriendo la habilidad necesaria para salvar las diferentes casillas y un día se aprende a salir de la Tierra y remontar la piedrita hasta el Cielo, hasta entrar en el Cielo".

ESCRIBE UN *HAIKU*

La capacidad de la cultura japonesa para apreciar la belleza de las pequeñas cosas es admirable. La ceremonia del té, el arte de la caligrafía, los jardines zen...

Los *haikus* —poemas cortos de origen japonés— son otro buen ejemplo. Se escriben, según la tradición, en tres versos sin rima de 5, 7 y 5 sílabas.

Fíjate en estos haikus y a continuación, prueba de escribir uno.

Queda la hoja
en la rama desnuda
tras el invierno

En el sendero
el eco de tus pasos
al mirar lejos

46

SÚBETE A UN TREN SIN SABER ADÓNDE TE LLEVARÁ

Ve a la estación de trenes más próxima sin equipaje ni nada. Compra un billete de ida y vuelta para el primer tren que pase, sin saber adónde te llevará. Baja en el destino sorpresa y disfruta de lo que veas.

VIVIRÁS LA SATISFACCIÓN
DE HABER HECHO UNA PEQUEÑA
LOCURA Y DE GOZAR
CON LO QUE TE ENCUENTRES,
SEA BONITO O NO.

47 HAZ CUBITOS DE CARAMELO

1 Pon una bola de caramelo en cada hueco de un molde para hacer cubitos. Si tiene una forma especial —de pez, de corazón, de estrella...— quedarán más bonitos.

2 A continuación, echa agua dentro, de manera que los caramelos queden sumergidos.

3 Ahora solo hay que poner el molde en el congelador y esperar. Si lo dejas toda la noche, por la mañana ya estará listo.

4 Al sacar los cubitos, verás que el caramelo se ha desecho un poco y el agua, al congelarse, ha tomado el color y el sabor del caramelo.

¡TUS NIETOS VAN A ESTAR ENCANTADOS!

48 HAZ UN CURSO *ONLINE*

¿POR QUÉ NO VIVIR LA VEJEZ COMO UNA ETAPA DE CRECIMIENTO Y DESARROLLO PERSONAL E INTELECTUAL?

Hay muchas universidades, instituciones, organizaciones y plataformas que ofrecen cursos online sobre diversos temas: informática, alimentación, salud, jardinería, pintura y arte.... Además, algunos son gratuitos. La oferta formativa especializada en personas mayores es amplia y no vas a tener problemas en encontrar alguno que encaje con tus gustos.

Realizar un curso *online* es obvio que proporciona la comodidad de estar en tu propia casa. Pero debes valorar la autodisciplina necesaria para seguirlo y los conocimientos informáticos previos que debes tener para poder participar en todas las actividades que se propongan.

49 ASISTE A UN ESPECTÁCULO DE ÓPERA

Actualmente, la ópera
ha perdido la etiqueta
de elitista ya que tiene otro tipo
de difusión: la radio, la televisión
y el cine, no solo el presencial.
Esto le permite llegar a un público
más amplio. De todas maneras, si tienes
la oportunidad, no dejes de asistir
a un espectáculo de ópera en uno de
los muchos teatros que hay en nuestro país
o en el mundo.

La ópera es una de las manifestaciones artísticas más
completas que existen. Aglutina música, canto, danza,
teatro, interpretación, escenografía, vestuario, maquillaje,
peluquería y, actualmente, imagen. Se ha mantenido viva
más de cuatro siglos porque sus historias hablan
de las emociones humanas. Se puede encontrar en ella:
amores, traiciones, desengaños, crímenes, fiestas,
batallas...
Y ha sido a lo largo del tiempo reflejo de creencias
y pensamientos.

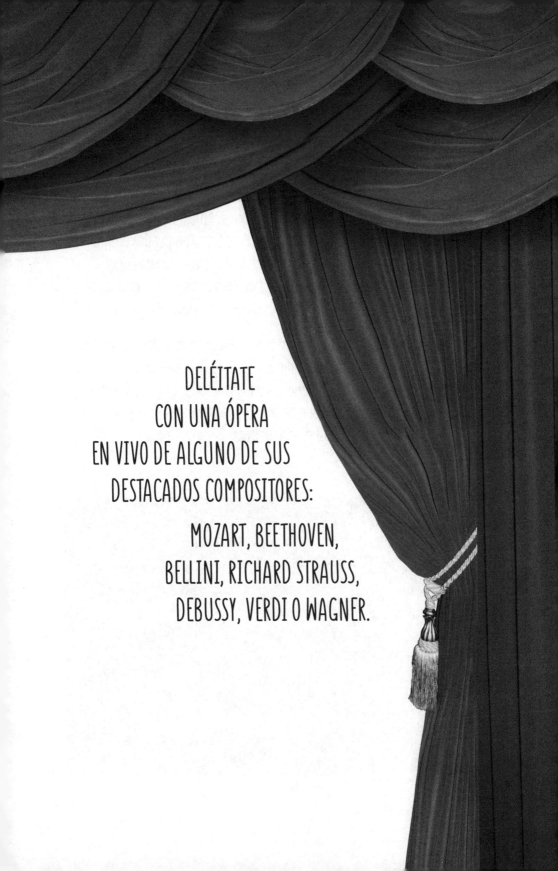

DELÉITATE
CON UNA ÓPERA
EN VIVO DE ALGUNO DE SUS
DESTACADOS COMPOSITORES:

MOZART, BEETHOVEN,
BELLINI, RICHARD STRAUSS,
DEBUSSY, VERDI O WAGNER.

50 PLANTA UN ÁRBOL Y OBSÉRVALO CRECER

Puedes participar en una de las plantaciones colectivas de árboles que distintas ONG's o instituciones organizan para repoblar zonas y mejorar las condiciones de vida de los habitantes y la fauna del lugar. Pero también puedes plantar un árbol en un jardín o un campo de tu propiedad. Si es así, deberás decidir dónde vas a plantarlo y que árbol quieres plantar (un árbol de hoja perenne, frutal, mediterráneo, ornamental...)

Los árboles pueden tener una gran variedad de tamaños y antes de decidir el tipo de árbol deberás conocer si el suelo tiene la condiciones idóneas y también controlar que no eche raíces enormes al crecer (lo normal es que crezcan 12 cm al mes).

- Después de plantar la semilla, esta debe germinar.
- A continuación, la semilla brota y va apareciendo el tronco verde y van saliendo las primeras hojas en busca de la luz. El tronco verde irá creciendo, endureciéndose y volviéndose leñoso.
- Si todo va bien, el árbol seguirá creciendo y llegará a su punto de maduración (dependerá de la especie del árbol y del clima) entre los 10 y los 20 años.
- El siguiente paso es la floración y de nuevo saldrán las semillas si hay polinización.

APRENDE ALGUNOS TRABALENGUAS

¿ERES CAPAZ DE APRENDERTE ESTOS TRABALENGUAS?

Los trabalenguas son un gran ejercicio de memoria y de agilidad mental. Reta a tu familia y amigos a memorizarlos también ¡y que gane el que lo diga más rápido!

Si Sansón sazona su salsa
sin sal, le sale sosa; le sale sosa
su salsa a Sansón
si la sazona sin sal.

Cuca saca
de su saco caqui
un queso casi seco.

Me han dicho que he dicho un dicho
y ese dicho no lo he dicho yo.
Porque si lo hubiera dicho,
estaría muy bien dicho por haberlo dicho yo.

Nadie silba como Silvia silba
y si alguien silba como Silvia silba
es por que Silvia lo enseñó a silbar.

Tres tristes trapecistas
con tres trapos troceados
hacen trampas truculentas
porque suben al trapecio
por trapos y no por cuerdas.

Tres traperos
tapan con trapos
la tripa del potro.

Cuando cuentes cuentos,
cuenta cuántos cuentos cuentas,
porque si no cuentas cuántas cuentos cuentas,
nunca sabrás cuántos cuentos cuentas tú.

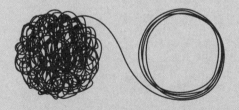

Hila que te hila
el hilo la hilandera,
hilando los hilos
los hila en hilera.

Si yo como como como,
y tú comes como comes.
¿Cómo comes
si yo como como como?

El arte del grafiti, asociado a la cultura hip-hop de los 70 y 80 en Estados Unidos, ha tenido en un verdadero auge en Europa pero, si no se organiza, se convierte fácilmente en vandalismo.

Todos lo ayuntamientos están habilitando espacios solo dedicados a los grafiteros.

Hay distintos tipos de grafitis: unos representan motivos más o menos abstractos, otros nombres y otros mensajes políticos, sociales, irónicos; siempre mediante un despliegue de colores y de formas. También se pintan dibujos y murales, que necesitan varios días para terminarlos y se convierten en arte urbano.

Para pintar tu grafiti (que recomiendo que sea una palabra o un nombre) lo primero que deberás hacer es indagar dónde se encuentran los espacios legales y buscar compañía para que te guíe en tu primera experiencia. También es crucial, a la hora de hacer un grafiti, utilizar las herramientas adecuadas (aerosoles y mascarilla protectora).

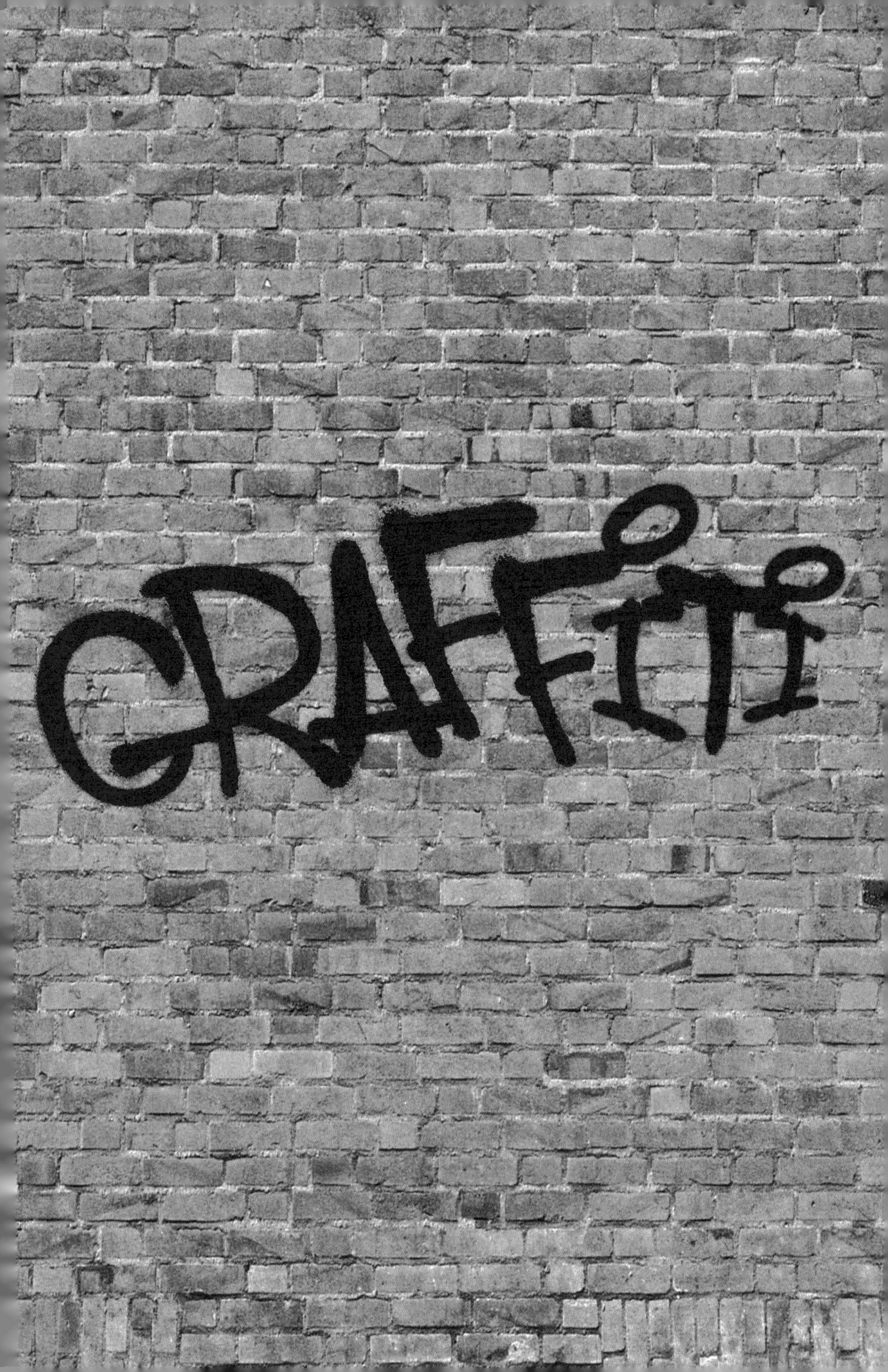
GRAFFITI

53 FORTALECE TU RESPIRACIÓN

Realiza este ejercicio de respiración por la mañana al levantarte de la cama. Solo te llevará 5 minutos y los beneficios serán importantes.

- Ponte de pie, extendiendo la columna hacia arriba y separando las piernas y los pies a la anchura de las caderas. Con los brazos a los costados, gira las palmas hacia el frente de manera que los pulgares queden hacia fuera.

- Inspira y sube lentamente los brazos hasta que las manos se junten por encima de la cabeza, palma con palma. Expira poco a poco mientras bajas los brazos a los costados, moviéndolos despacio al ritmo de la respiración. Intenta respirar de forma más profunda y prolongada, y trata de sentir el momento de pausa después de cada respiración.

REPITE ESTOS MOVIMIENTOS DE 5 A 8 VECES.

54 REGÁLATE UN MASAJE RELAJANTE

Darte un masaje es una de las cosas más placenteras que hay en este mundo. Si te has dado alguno ya lo sabes, si no lo has probado, no te lo pierdas. Pero más allá de placer, los beneficios del masaje son muchos: alivia el dolor, libera tensiones, tiene propiedades antiinflamatorias, descontractura los músculos, mejora la circulación sanguínea y linfática, y ayuda a conseguir una sensación de relax, de calma y tranquilidad.

REGÁLATE UNO O HAZ QUE TE LO REGALEN.

Y que no se olviden de los aceites templados ni de la música si quieres alcanzar un mayor nivel de relajación.

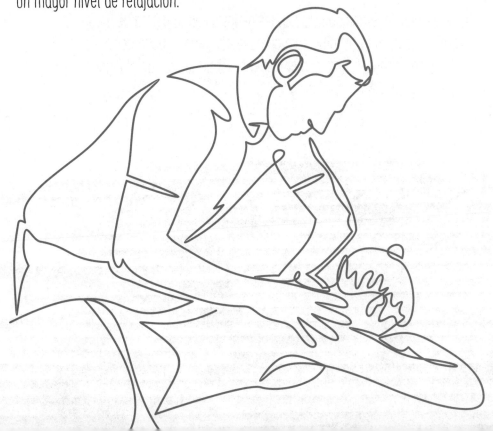

55 JUEGA AL *MIKADO*

El *Mikado* es un juego tradicional de China. Requiere una gran habilidad motriz, mucho pulso, concentración y paciencia.

1. Uno de los jugadores toma todos los palillos con una mano, de modo que todas las puntas toquen la superficie de la mesa. Al abrir la mano, los palillos caerán al azar, desordenados.

2. El juego consiste en coger en cada turno el máximo número de palillos, de uno en uno, sin mover ningún otro palillo.
Si un jugador, al intentar coger un palillo, mueve uno o varios de los restantes, deberá dejar el palillo que intentaba coger y perderá su turno.

3. Se pueden coger los palillos con los dedos o con la ayuda de algún otro palillo. La partida termina cuando no quede ningún palillo en la zona de juego. Entonces, empieza el recuento. Gana la partida el jugador que tenga más puntos.

PUNTUACIÓN:

1 banda roja..1 PUNTO

2 bandas rojas...3 PUNTOS

3 bandas rojas...5 PUNTOS

1 banda azul...10 PUNTOS

2 bandas rojas y 2 azules...................2 PUNTOS

2 bandas azules......................................4 PUNTOS

3 bandas azules......................................6 PUNTOS

ORGANIZA UNA MARATÓN DE CINE

¿TE GUSTA EL CINE? ¿VAS A MENUDO?

Actualmente, para ver cine no es necesario acudir a salas de exhibición. Existen cantidad de plataformas con las que, a través del televisor o de un proyector, puedes ver las películas que quieras.

Prepara una maratón de cine para un fin de semana. Puedes invitar a amigas o amigos o a tu familia. Elige primero el género de las películas en que se basará tu maratón. ¿Serán películas románticas, familiares, dramas, históricas, comedias, de terror, de aventuras, *thrillers*, musicales, de unos años en concreto o un director determinado...

A continuación, deberás decidir el tiempo de duración de la maratón, las películas que te gustaría ver y asegurarte de que las encuentras en las plataformas.

PREPARA UN ESPACIO CÓMODO, INVITA A TUS ACOMPAÑANTES Y ¡NO TE OLVIDES DE LAS PALOMITAS!

Aquí tienes una lista de veinticinco películas clásicas:

1. *Cinema Paradiso* de Giuseppe Tornatore
2. *La ventana indiscreta* de Alfred Hitchcock
3. *El gran dictador* de Charles Chaplin
4. *Casablanca* de Michael Curtiz
5. *Infiltrados* de Martin Scorsese
6. *Gladiator* de Ridley Scott
7. *El pianista* de Roman Polanski
8. *Psicosis* de Alfred Hitchcock
9. *La guerra de las galaxias* de George Lucas
10. *La vida es bella* de Roberto Benigni
11. *Seven* de David Fincher
12. *Alguien voló sobre el nido del cuco* de Milos Forman
13. *El bueno, el feo y el malo* de Sergio Leone
14. *Pulp Fiction* de Quentin Tarantino
15. *El padrino* de Francis Ford Coppola
16. *Cadena perpetua* de Frank Darabont
17. *Las uvas de la ira* de John Ford
18. *Ciudadano Kane* de Orson Welles
19. *Gilda* de Charles Vidor
20. *Johnny Guitar* de Nicholas Ray
21. *La dolce vita* de Federico Fellini
22. *Desayuno con diamantes* de Blake Edwards
23. *La gran evasión* de John Sturges
24. *Grease* de Randal Kleiser
25. *Blade Runner* de Ridley Scott

CONSTRUYE UN CIRCO DE SOMBRAS

Material:

- Tijeras y cúter
- Cinta adhesiva
- Rotulador blanco
- Papel vegetal Din A3
- Cordón fino
- Cartón no muy grueso
- Cartulina negra
- Lápiz blanco

1 Para construir un circo de sombras para tus nietos, empieza fotocopiando los personajes que encontrarás en la doble página después de las instrucciones, recórtalos y ponlos encima de la cartulina negra. A continuación, resigue la silueta de las figuras con un lápiz blanco y después recórtalas. Algunas partes deberás cortarlas con cúter.

2 Busca palitos de madera, cañas para refrescos, palillos chinos, lápices..., cualquier cosa larga, y sujétalos con cinta adhesiva, detrás de los personajes.

3 Para el escenario, necesitarás un caja de cartón de aproximadamente 42 x 30 x 32 cm de altura. Recorta las dos caras grandes dejando las cuatro laterales.

4 En la cara de abajo deberás pegar una base circular (un cilindro) hecha con cartón de 2 cm de altura y del diámetro del palo de los títeres, para que se sujeten.

2 cm

5 Con la punta de las tijeras o con un punzón, haz un agujero en la parte superior de cada lateral corto. Fíjate en el dibujo. Pasa el cordón fino por los agujeros, haciendo un nudo final a lado y lado. Te servirá para colgar la trapecista.

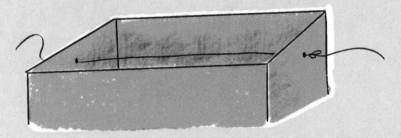

6 Tapa una de las caras con el papel vegetal. Sujétalo con cinta adhesiva.

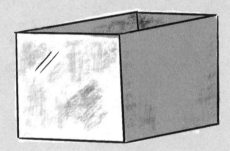

7 Con los trozos de cartón restantes, haz las partes laterales y las superiores del teatro. Fíjate en el dibujo. Recórtalas y con un rotulador blanco decóralas.

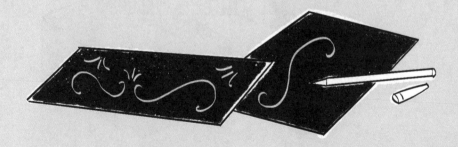

8 Para la representación deberás poner las siluetas dentro de la caja
y contra el papel vegetal con una lámpara de sobremesa detrás,
a unos 1,5 m de distancia del teatro. Cuando empiece la representación
habrá que cerrar los luces de la sala.

¡TODO ESTÁ A PUNTO
PARA QUE EMPIECE EL CIRCO!

58 ABRE TU PROPIO CANAL EN YOUTUBE

Son ya muchas las personas mayores que han roto la barrera del miedo a las nuevas tecnologías y que se han adentrado a la era de la digitalización. Si eres uno de ellos y quieres ir un poco más allá, puedes animarte y crear un canal en YouTube, siguiendo los pasos que encontrarás a continuación.

1. Accede a la web de YouTube. Ve a la parte superior derecha y clica en "Iniciar sesión".

2. Para poder crear un canal de YouTube necesitas una cuenta Google. Probablemente ya la tengas, si no es así, puedes crearla desde allá mismo. Para ello, haz clic en "Crear cuenta" saltarás a la siguiente pantalla y deberás ir rellenando los datos que te piden.

3. Cuando ya la tengas, regresa a la página principal de YouTube, ve a la parte superior izquierda y clica en Inicio y te reconocerá automáticamente, y la sesión con la cuenta creada se iniciará.

4. De momento aún no tienes tu canal. Clica en "Empezar" para configurar tu canal. Después deberás elegir si quieres usar el nombre personal o un nombre de marca o empresa.

5. Después haz clic en "Crear" y ya tienes tu canal pero te queda configurarlo, describir tu canal y asociarlos a diferentes redes sociales. Cuando termines este proceso acabarás en la página de tu canal.

6. Solo te queda conseguir una cámara para grabar tus videos y definir el contenido que vas a subir. ¿Pueden ayudarte estas ideas?

"Abuela Montessori"
"Cómo ser mayor y no morir en el intento"
"Manos y mente ocupadas"
"Siempre al día aunque seas mayor"

...

¡NO TE PREOCUPES, SI NO LO CONSIGUES
PREGUNTA A TUS NIETOS,
ESTARÁN ENCANTADOS DE AYUDARTE!

59 RECORRE UN TRAMO DEL CAMINO DE SANTIAGO

Recorrer el camino de Santiago es una aventura de peregrinación. Hay muchas opciones para realizarlo. La distancia total es de 930 Km. Va desde los Pirineos hasta Santiago de Compostela, iniciándose en territorio francés y pasando por las regiones de Aragón, Navarra, La Rioja, Castilla y León y Galicia. Está dividido en 32 etapas. Cada año lo recorren más de 150 000 peregrinos. La edad no debe ser un impedimento para recorrer el camino porque los peregrinos pueden elegir cuántas etapas hacen y cuántos kilómetros recorren cada día.

Es habitual que lo recorran personas mayores, pero hay que tomar ciertas precauciones.

1. El médico debe evaluar tus condiciones físicas y decir si tienes limitaciones de salud para hacerlo.
2. Es importante que elijas la ruta adecuada y también los meses, evitando los de más calor.
3. Es importante que unos meses antes te entrenes a caminar.
4. Debes hacerte con, ropa cómoda, un buen calzado, una mochila y bastones.
5. Ponte retos asumibles y no recorras más kilómetros de los que puedas. Ve a tu ritmo.
6. Deberás vigilar las temperaturas y llevar siempre provisiones de agua y comida. También un botiquín.
7. Si no tienes con quien recorrerlo, en Internet se encuentran grupos para compartir la ruta. Pero si no lo ves claro, no te arriesgues, puedes planificar tu viaje con una agencia de expertos, te aconsejarán las etapas, te aportarán seguridad, reservarán los alojamientos, trasladarán tu equipaje entre etapas...

¡NUNCA SE ES DEMASIADO MAYOR
PARA VIVIR NUEVAS EXPERIENCIAS!

60 HAZ UNA MANUALIDAD DE *SCRAPBOOKING*

El *scrapbooking* es la técnica de personalizar y crear álbumes de recuerdos de un viaje, de un aniversario, de acontecimientos importantes y también para realizar agendas y diarios, anuarios, libros de amistad, invitaciones...

Se utilizan fotografías, cintas, *washi tape*, estampación, adornos, sellos, fotografías, dibujos, caligrafía, detalles impresos y papeles estampados que son la base del *scrapbooking*.

Si tienes ganas de expresarte creativamente, despejar la mente o practicar un hobby, el *scrapbooking* es ideal. Existen muchos tutoriales en Internet sobre esta técnica que te guiarán en tus creaciones.

DIVIÉRTETE CON UN *FRISBEE*

Este disco de tan solo
25 cm de diámetro
fue inventado por
un norteamericano en 1950
y rápidamente fue un éxito
en todo el mundo.

Si aprendes a lanzarlo y a atraparlo,
tendrás frente a ti un buen ejercicio
y muchas horas de diversión que podrás
compartir con tu perro, tus nietos u otras personas.

Hay tres formas básicas de lanzarlo: golpe derecho (desde
la altura de tu hombro hacia la cadera), el revés (de la cadera
a la altura del pecho) y el martillo (de la nuca hacia abajo
en picado). En cambio, existen infinidad de maneras
de atraparlo: con las dos manos, lanzándote al suelo,
por detrás de la espalda, girando...

62 BÁÑATE SIN ROPA EN UNA PLAYA

¿Has pensado alguna vez en dar el paso y bañarte sin ropa en la playa? Los especialistas nos cuentan más de 200 beneficios de mostrarse desnudo, beneficios para la salud, psicológicos, sociales y sexuales.

Primero de todo, es imprescindible que aceptes las imperfecciones y los signos de la edad en tu cuerpo. Ningún cuerpo es perfecto, ni debe serlo. Tenlo presente. Una vez acabes con los estereotipos, los complejos, el pudor y los prejuicios, podrás disfrutar de tu piel libre de ropa. Conectarás con la naturaleza en armonía, aumentarás tu autoestima e intensificarás la complicidad con el otro.

¡ES UNA EXPERIENCIA SENSITIVA INDESCRIPTIBLE!

63 DESPIERTA TU CREATIVIDAD

A medida que nos hacemos mayores y vamos recibiendo los golpes
que nos da la vida, va desapareciendo la imaginación sin límites
y la ingenuidad que teníamos de niños y jóvenes, y se instala
la responsabilidad y el razonamiento. Capacidades útiles por supuesto,
pero el lado creativo que todos poseemos no debe desaparecer porque
es lo que nos ayuda a tener buenas ideas para resolver problemas.

AQUÍ TIENES UNA SERIE DE ACCIONES
Y ACTITUDES QUE TE AYUDARÁN
A MANTENERTE CREATIVO.

PIENSA COMO UN GENIO

RECONOCE TUS HABILIDADES

NO TENGAS MIEDO
AL FRACASO

ROMPE RUTINAS Y ÁBRETE
A TODAS LAS POSIBILIDADES

SUEÑA DESPIERTO

SÉ FLEXIBLE

SÉ RECEPTIVO
A NUEVAS
IDEAS

SÉ ACTIVO Y POSITIVO

ASUME RIESGOS

ACEPTA LAS AYUDAS Y LAS CRÍTICAS DE LOS DEMÁS

TEN NUEVAS
AFICIONES

SÉ CURIOSO.
EXPERIMENTA

ACEPTA
QUE EL
CAMBIO
ES POSIBLE

COLABORA CON LOS DEMÁS

PLANTÉATE RETOS
CADA VEZ MÁS
COMPLEJOS

VE POR CAMINOS
QUE NUNCA HAYAS
RECORRIDO

QUE NO TE DE
MIEDO EXPLORAR
LO INSÓLITO

64

APADRINA UN NIÑO
O UNA NIÑA

La infancia del Tercer Mundo está sufriendo situaciones dramáticas: hambre, enfermedades, guerras, falta de vivienda, dificultades para seguir una educación... Apadrinar un niño o un niña es muy sencillo, tiene un coste muy bajo y unos beneficios muy altos. Apadrinando estás ayudando a cambiar el presente de los que tienen menos oportunidades y a asegurarles un futuro. La mayoría de las ONG's ofrecen apadrinamientos y favorecen una relación personal con estos niños y niñas para que conozcas su situación de primera mano y puedas crear un vínculo solidario y así velar por sus derechos.

65 VE A BAILAR A UNA SALA DE BAILE

El baile es una actividad óptima para las personas mayores. Permite realizar ejercicio físico y mejorar la calidad de vida, divertirse, relacionarse y mantenerse enérgico y positivo.

¡SIMPLEMENTE VE A BAILAR!

ATRÉVETE CON LA QUIROMANCIA

Si aprendes pequeñas nociones de quiromancia, liderarás todas las reuniones. Nadie se resiste a este pequeño juego adivinatorio.

Hay dos líneas muy marcadas que atraviesan la palma de la mano: la del corazón y la de la cabeza, y cinco más que los quirománticos también interpretan: la de la vida, la del destino, la de la salud, la del Sol y el anillo de Venus.

LA LÍNEA DEL CORAZÓN

- Si la línea del corazón se ve clara y recta, sugiere simpatía, afectividad, amor para siempre.
- Si nace desde el dedo índice, quiere decir que la persona es tolerante, práctica y sensual y tiene sentido común.
- Si es bastante curva, indica que valora la satisfacción personal por encima de los sentimientos de otros y sugiere que la persona es muy sexual.
- Si se une con la línea de la mente, quiere decir que la persona es fría y calculadora.

LA LÍNEA DE LA MENTE

- Si la línea de la cabeza nace del mismo punto que la del corazón, es una persona líder, muy aguda, ambiciosa, egoísta y con gran capacidad mental.
- Si nace por debajo de la de la vida, denota un persona irritable, neurótica, influenciable y temerosa.
- Si la línea de la cabeza nace en el mismo lugar que la línea del corazón, nos habla de una persona hábil vital, independiente y soñadora.

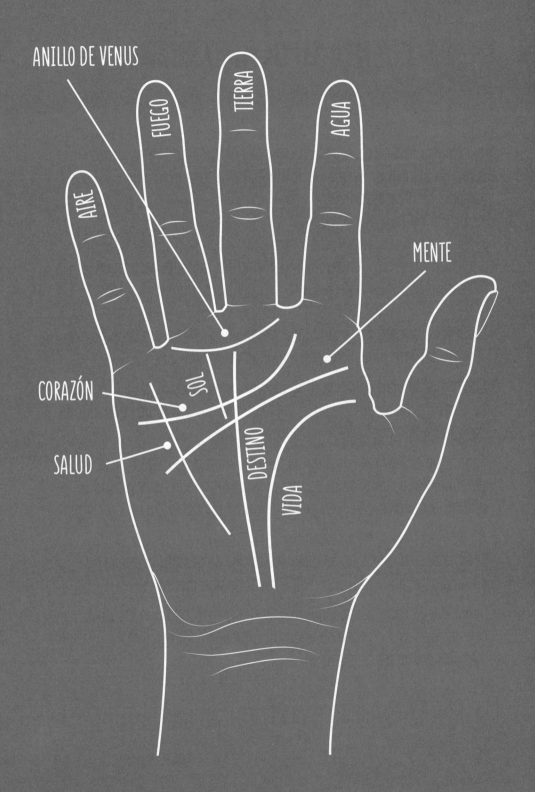

67 CUENTA TU ÚLTIMO SUEÑO

Tus sueños más vívidos y los que puede que recuerdes empiezan a los 90 minutos antes de quedarte dormido, en la fase REM, una fase con gran actividad cerebral.

Los sueños son una respuesta a todas las tensiones emocionales de nuestro día a día. Tendemos a recordar los que han resultado más emotivos. Algunos de los más frecuentes y universales son:

- Soñar que se está huyendo al ser perseguido indica que se evita y no se afronta alguna responsabilidad de la vida.

- Soñar que se está en caída libre es una manifestación de un exceso de estrés y ansiedad que no somos capaces de gestionar. Que alguna cosa te impide avanzar.

- Soñar que se te caen los dientes denota un momento de transición personal donde se pasa de la inseguridad, el miedo a ser juzgados y la preocupación de cómo pueden vernos los demás, a un crecimiento personal.

- Soñar que se aprueba un examen indica que se afronta una nueva situación de la vida tal como se espera de uno mismo.

- Soñar que la casa se incendia indica una transformación creativa, con luz. Que está a punto de llegar un cambio en la vida que hará sentir a la persona más libre y feliz.

¿HAS SOÑADO ALGUNA VEZ CON ALGUNO DE ELLOS?

68 HAZ QUE SE ESCUCHE TU VOZ

Asiste a reuniones de vecinos, de asociaciones, tertulias, acontecimientos sociales, etc. y expón tus opiniones, transmite tus argumentos verbales y hazte escuchar. Y a la inversa, aprende a escuchar con la máxima atención.

69 MÓNTATE EN UNA ATRACCIÓN ARRIESGADA

Decir parque de atracciones es sinónimo de diversión. Uno de los mejores planes para el disfrute de toda la familia es pasar un día en uno de ellos donde encontraréis diversiones de todo tipo e intensidad para que niños, adolescentes y adultos pasen una jornada inolvidable.

Sin duda, la atracción estrella de cualquier parque de atracciones es la montaña rusa, una actividad clásica que se va reinventando para seguir sorprendiendo a los visitantes. Aprovecha y si, buscas emociones fuertes, móntate en una de estas atracciones extremas.

A lo largo de todo el recorrido, las montañas rusas van dibujando tirabuzones, suben colinas y nos colocan en posición invertida. Y, por si fuera poco, en su parte final vuelven a subir hacia lo más alto para realizar una impactante caída a más de 100 km por hora. ¡Una pasada!

¿TE ATREVES CON UNA ATRACCIÓN ASÍ?
¿SOBREVIVIRÁS A ESTA EXPERIENCIA ALUCINANTE?

70

UNA CÁPSULA DEL TIEMPO PARA TUS TATARANIETOS

Una cápsula del tiempo es un recipiente hermético en el que se depositan una serie de objetos e información que se entierra o almacena para que generaciones futuras la encuentren. Su objetivo es preservar la historia personal o colectiva.

La mayoría de las cápsulas del tiempo conocidas está previsto que se abran a los 100 años de su almacenamiento, pero una de ellas deberá abrirse pasados los 5 000 años de ser enterrado.

1. Para realizar tu cápsula de tiempo deberás pensar que línea descendiente quieres que la recupere y así programar la fecha. Podría ser el día de tu cumpleaños pasados los 100 años de su depósito.

2. A continuación, deberás buscar un lugar donde la cápsula pueda permanecer en el tiempo sin que sea intervenida o abierta antes de la fecha.

3. Lo tercero es buscar un contenedor resistente que sobreviva sin verse afectado por condiciones ambientales. Una caja metálica bien sellada puede resistir al agua y otros elementos ambientales.

4. Deberás dejar constancia de dónde está la cápsula y la fecha de apertura comunicándolo a amigos, familia o haciéndolo saber en la herencia o en las redes sociales o todas las opciones juntas.

5. Finalmente, solo te queda seleccionar cuáles serán los elementos a guardar. Algunas cosas posibles son: monedas y billetes, fotografías, un periódico, tu diario si lo tienes, el libro de familia, lista y descripción de los inventos más importantes de tu época, libros significativos para ti, tu firma, un móvil y otros objetos cotidianos que consideres que representan la época en la cual vives...

6. Si consideras que es complicado enterrarla, puedes dársela en custodia a tus hijos con órdenes concretas de que sigan la cadena descendiente de custodia hasta llegar al destinatario o destinatarios finales en la fecha prevista. Tus tataranietos, si esta es tu decisión. Esto puede hacer variar el tipo de contenedor y la manera de comunicar cómo se transfiere.

71 HAZ TURISMO DE PROXIMIDAD

A menudo planeamos viajes lejos en los que visitamos monumentos, museos, bibliotecas, iglesias, mercados, calles y callejuelas, restaurantes... exprimiendo al máximo la escapada y conscientes de que un viaje es la mejor oportunidad de vivir nuevas experiencias.

Pues bien, proponte hacer lo mismo en tu ciudad o pueblo y sus alrededores. Normalmente, desconocemos lo que tenemos más cerca. Y si no es así, aprovecha para vivirlo de otra manera, con nuevos ojos.

72 GRITA

Ve debajo de un puente o encima de una colina y grita muy muy fuerte.

¡TE LIBERARÁS!

73 CONVIÉRTETE EN UN FERVIENTE OBSERVADOR DE PÁJAROS

España es un país con una gran variedad de especies de aves y el avistamiento y la contemplación de aves es una afición más practicada de lo que pensamos. Unos binoculares, una cámara fotográfica, una guía de identificación de aves y un cuaderno de anotaciones es el equipo necesario para adentrarte en la naturaleza salvaje y observar pájaros. Aunque, cada vez más, los pájaros pueden ser vistos u oídos en jardines de zonas urbanas, que, gracias al descenso de la contaminación, las aves han colonizando.

Conoce las aves que vas a observar. Revisa los periodos de migración de algunas especies e infórmate de cuál es la mejor época para la observación de aves. La mejor hora es, sin duda, temprano por la mañana. No te olvides del clima. Usa la ropa adecuada, debe ser de colores neutros o tonalidades oscuras.

Estudios realizados definen esta práctica como una actividad amable, grata, tremendamente bella, tranquilizante y relajante, así como beneficiosa para la salud: ayuda a disminuir enfermedades cardiovasculares, reduce el estrés, promueve emociones positivas, aumenta el bienestar, la satisfacción y la felicidad.

EL CUADERNO DE ANOTACIONES

Con el cuaderno de anotaciones podrás
llevar un registro de todos
tus avistamientos ornitológicos: lugar,
fecha, climatología, especie observada,
tamaño, forma (cola larga, patas cortas,
alas redondeadas, cola ahorquillada...),
color, micro hábitat, sonido...
Además, debes dejar espacio para
observaciones, dibujos y fotografías.

¡PREPARA TU EQUIPO
Y SAL HACIA
EL AVISTAMIENTO!

74 TOMA UNA DECISIÓN IMPORTANTE SIN PENSARLA

Siempre nos han dicho que antes de tomar una decisión importante, debemos plantear las diversas opciones, buscar los puntos fuertes y débiles de cada una, concebir el peor de los escenarios, sopesarlo todo y después decidir.

Pues bien, permítete por un vez tomar una decisión importante sin pensarla, impulsivamente. Dejándote llevar por tu intuición y, ¡a ver qué pasa!

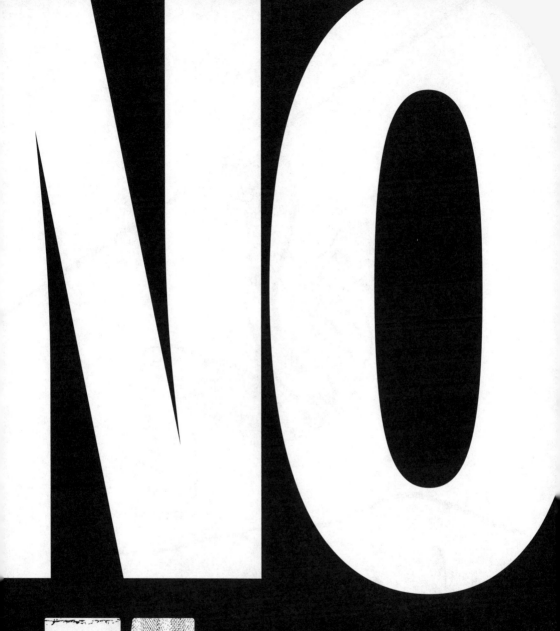

NO

75 DI NO

Aprende a decir NO de manera explícita. Si nunca dices NO, resultará
muy difícil para los demás saber cuándo de veras dices SÍ.

# 76 DESLÍZATE POR UNA TIROLINA

Si quieres un plan cargado de emoción y adrenalina, pasa un día en un parque de aventuras con circuitos en los árboles equipados con pasamanos, puentes colgantes, rocódromos tirolinas..., verdaderas vías ferratas, que permiten moverse por zonas difíciles con la máxima seguridad ya que están pensados para el ocio y disfrute de todos los miembros de la familia.

**¡SERÁ UNA EXPERIENCIA DIVERTIDA,
ÚNICA E INOLVIDABLE
PARA LOS QUE NO TENGAN VÉRTIGO!**

CUÉNTALE A ALGUIEN TU VIDA

Haz memoria y recuerda cronológicamente sucesos pasados de tu vida. Hechos y vivencias bonitas, y también momentos duros, de todo un poco. Evócalos y cuéntalos a tu familia o a la gente que tengas a tu alrededor.

¡A LOS MÁS JÓVENES
LES SERVIRÁ DE ENSEÑANZA!

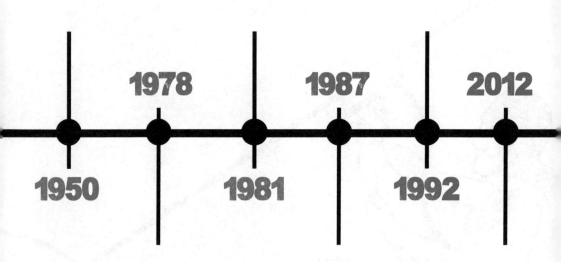

1978   1987   2012

1950   1981   1992

ABRAZA ÁRBOLES

La arboterapia o la cura
de naturaleza tiene efectos
vigorizantes y reparadores.
Los árboles segregan un aceite
beneficioso para la salud, y el aire
de los bosques contiene grandes
cantidades de iones negativos
de oxígeno, vitales para
el ámbito psíquico y emocional
de las personas.

Frecuentar los bosques
y abrazar los árboles tiene
gran eficacia para
el asma, la bronquitis,
la hipertensión, la frecuencia
cardíaca, los dolores de cabeza...
Pero también disminuyen
la ansiedad, mejoran el sueño
y ayudan a la cura
de la depresión.

79 JUEGA CON TUS NIETOS A JUEGOS DE AGUA

Nada de devolver los nietos a sus padres limpios y peinados.

¡CUANTO MÁS SUCIOS VAN, MÁS SE HAN DIVERTIDO!

Al llegar el buen tiempo, juega con ellos a juegos de agua. Pero tú también debes jugar para que ellos puedan decir: "Qué abuela o abuelo tengo tan enrollado".

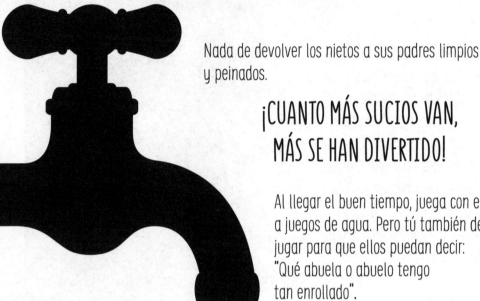

- Lanzarse esponjas de agua.
- Hacer pompas de jabón gigantes.
- Jugar a bolos con botellas de agua.
- Pisar globos de agua dentro de un barreño.
- Pasarse agua de un vaso a otro por encima de la cabeza.
- Aguantar en equilibro una botella de agua encima de la cabeza.
- Buscar objetos dentro de un barreño lleno de cubitos de colores.

80 ASISTE DE OYENTE A LA UNIVERSIDAD

Debemos desvincular el concepto de envejecimiento a la disminución de la capacidad mental y de la habilidad de aprender y la falta de ímpetu. Los adultos mayores tienen capacidad de aprendizaje, quizás el esfuerzo necesario sea superior, pero los beneficios son muy notables ya que seguir aprendiendo supone mantener una salud cognitiva estable.

La educación continua sin límite de edad favorece, a través del ejercicio intelectual, la mejoría de la calidad de vida de los mayores y su autonomía lo que previene de situaciones de dependencia.

Asiste de oyente a la universidad, puede que te animes a estudiar. Existen muchas facultades con programas presenciales y también virtuales adaptados a los mayores y otras que simplemente tienen programas intergeneracionales donde conviven mayores y jóvenes.

VISITA LA TUMBA DE ALGÚN PERSONAJE HISTÓRICO

Las entidades turísticas de diversos países han calificado de iniciativa de interés cultural, la visita a cementerios. Se dice que no se conoce bien un país si no has visitado sus camposantos. Hay cementerios en todo el mundo que merecen una visita, unos por su estética y belleza, otros por la importancia de las personas que reposan ahí y también por el acogimiento y la paz que se respira en ellos.

Olvida las supersticiones y los miedos y visita la tumba de algún personaje histórico que admires.

Aquí tienes una lista de cementerios que son una verdadera joya:

CEMENTERIO DE LA ALMUDENA, MADRID
En él se encuentran, entre muchos otros conocidos, Santiago Ramón y Cajal, Pio Baroja, Lola Flores, Enrique Tierno Galván.

CEMENTERIO NACIONAL DE ARLINGTON, VIRGINIA
En él encontrarás la tumba de John Fitzgerald Kennedy.

CEMENTERIO DE LA RECOLETA, BUENOS AIRES
Eva Perón y muchas otras personalidades argentinas, están enterradas en este cementerio.

CEMENTERIO DE HIGHGATE, LONDRES
Atrae muchos turistas por su arquitectura victoriana y por su vegetación y se puede visitar la tumba de Karl Max.

SKOGSKYRKOGÁRDEN, «CEMENTERIO DEL BOSQUE», ESTOCOLMO
Es una maravilla visitarlo por la noche porque se encienden los faroles que deja la gente a modo de ofrenda. Ahí se encuentra enterrada la actriz Greta Garbo.

LOS CEMENTERIOS DE PARÍS ESTÁN REPLETOS DE GRANDES PERSONAJES DE LA HISTORIA.

CEMENTERIO PÈRE LACHAISE
En el que podrás ver las tumbas de Max Ernst, Molière, Marcel Proust, Maria Callas, Yves Montand, Modigliani, Chopin, Rossini, Delacroix, Georges Méliès, Jim Morrison, Edith Piaf, Oscar Wilde...

CEMENTERIO DE MONTPARNASSE
Samuel Beckett, Julio Cortázar, Marguerite Duras, Eugène Ionesco, Baudelaire, Tristan Tzara, Jean-Paul Sartre, Simone de Beauvoir...

CEMENTERIO DE MONTMARTRE
Émile Zola, Stendhal, Foucault, Gustave Moreau, Edgar Degas, François Truffaut...

82 REORDENA TU CASA

Deshazte de cosas viejas e innecesarias y descubrirás lo que realmente
es importante; paradójicamente eliminar cosas te reportará abundancia.
Liberarte de cargas que te mantienen esclavizado y buscar la sencillez,
te permitirá ser más feliz. La simplicidad es una revolución interior.
Aprovecha para reordenar los espacios de tu casa con esta idea
de sencillez y cambiará tu forma de vivir.

83

AGARRA LAS MANOS DE UN BEBÉ

Las manos de un bebé son suaves, pero aprietan fuerte. Dos características que desearíamos de cualquiera que nos apretase la mano a lo largo de nuestra vida. El reflejo palmar que se posee al nacer provoca esta presión con la que los pequeños nos cogen de la mano.

BUSCA LAS MANOS DE UN BEBÉ Y SIENTE SU TACTO Y SU FUERZA.

REÍR ES SALUDABLE

1. Desencadena una gran carga emocional.

2. Genera endorfinas.

3. Libera emociones reprimidas.

4. Alivia la angustia y la tensión.

5. Da energía.

6. Tiene un efecto positivo en los patrones de sueño.

7. Incrementa la confianza en uno mismo.

8. Ventila los pulmones.

9. Refuerza el sistema inmunológico.

HACER REÍR A LOS DEMÁS ES UNA SENSACIÓN ESTUPENDA

Aprende algunos chistes y anima los encuentros y las fiestas.

— ¿Puedo confesarte un secreto?
— Por supuesto, somos amigos.
— Necesito 10 000 euros.
— Tranquilo, como si no me
  hubieras dicho nada.

¿Qué le dijo
la cucharilla
al azúcar?
Nos vemos
en el café.

— Mamá, ¿otra vez marisco?
— Más fuerte.
— Mamá, ¿otra vez marisco?
— Muy bien, ya nos han oído
  los vecinos, ahora cómete las
  lentejas.

¿En qué se parece
un elefante
a una cama?
En que el elefante
es paquidermo
y la cama es *pa
qui duermas*.

85 CREA EL ÁRBOL GENEALÓGICO DE TU FAMILIA

Un árbol genealógico presenta un dibujo completo de la historia familiar. Puedes llegar fácilmente a tus bisabuelos, pero investigando un poco podrías llegar más lejos. Puedes invitar a tu familia a participar en la creación del árbol, es un buen motivo para conectar con ellos y descubrir nuevas historias y anécdotas familiares que desconocías. Generaciones pasadas y generaciones futuras.

DA RIENDA SUELTA A TU CREATIVIDAD
Y FABRICA UN ÁRBOL

1. Necesitarás un papel muy grande para plasmar todas las fotos o casillas. Deberás incluir el nombre y apellido de cada miembro de la familia y también puedes añadir una foto si eres capaz de encontrarlas todas.

2. Parte de tu nombre y completa la línea ascendente hasta donde quieras llegar (bisabuelos o tatarabuelos) y la línea descendente (hijos, nietos, bisnietos...).

3. Parte de tu nombre y comienza con tu familia cercana. Usa líneas de puntos para conectarte con tus hermanos y un línea sólida para conectarte con tus padres. Agrega los cónyuges e hijos de tus hermanos.

4. Completa la línea ascendente hasta donde quieras llegar (bisabuelos o tatarabuelos).

5. Añade tíos, tías y primos.

6. Sigue después con la línea descendente (hijos, nietos, bisnietos...).

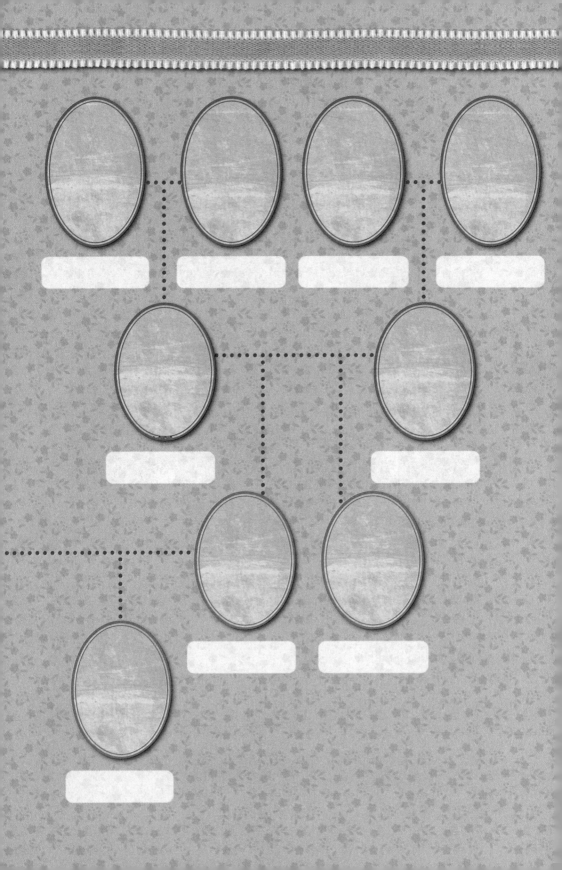

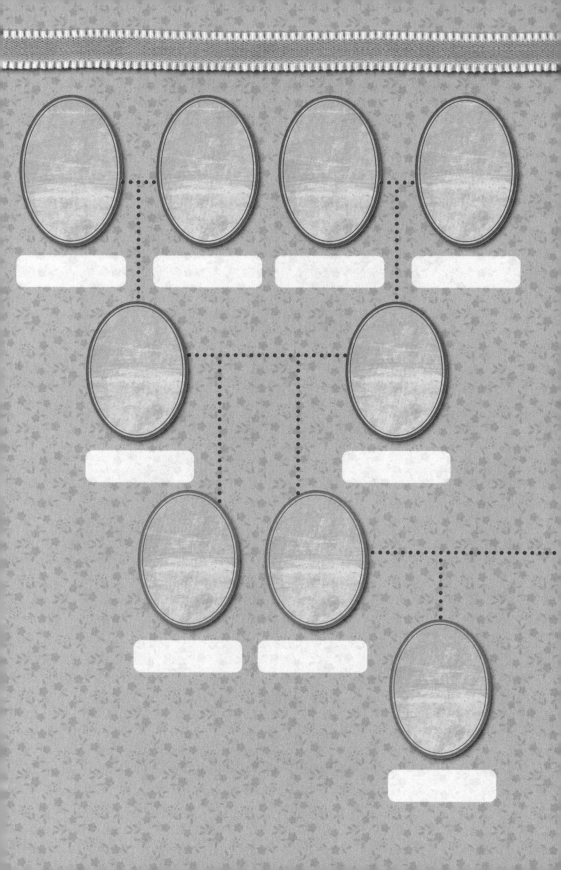

86 HAZ VOLAR UNA COMETA

Las cometas existen desde mucho antes que los aviones. Hace más de 2000 años ya se utilizaban en China para mandar señales y mensajes militares y también para controlar la distancia entre el campo y el palacio.

Pero pronto aparecen en las fiestas de los pueblos y se convierten en un elemento más de la cultura popular, en un juguete tradicional.

¿QUIERES APRENDER CÓMO HACER VOLAR UNA COMETA?

1. Para hacer volar tu cometa necesitas un espacio al aire libre amplio, como la playa y con un viento fuerte y continuado, pero no exageradamente fuerte, sino la cometa caerá al suelo.

2. Ve en compañía, necesitarás ayuda. Además puede ser una buena actividad familiar que va a encantar a los más pequeños.

3. Para que empiece a volar, suelta unos 15 metros de hilo. La persona que te ayude a alzarla, deberá alejarse con la cometa de manera que el hilo quede tensado. El viento debe estar a tu espaldas.

4. La persona que sujeta la cometa deberá soltarla hacia arriba mientras tu das un tirón al hilo para tensarlo.

5. El reto es mantenerla en el aire. Debes sostener el hilo en tensión, sujetándolo con tu mano no dominante y el carrete con la otra.

6. Controla las sacudidas que hará la cometa debido al viento y cuando coja una corriente suelta hilo pero no demasiado. El hilo siempre debe estar tensa para que la comenta se mantenga en alto.

7. Presta atención a los movimientos de la cola y hacia dónde se mueve, porque es un indicador de la dirección del viento.

87 PARTICIPA EN UN BATUCADA

Entre las cosas positivas que nos ha traído la globalización es el acercamiento a costumbres y culturas que nos eran desconocidas y actividades que nos descubren otras realidades, sonidos y tradiciones que nos ayudarán a ser más tolerantes y empáticos.

Las batucadas suelen realizarse en la vía pública por un grupo de percusionistas que interpretan diversos estilos musicales afro brasileños y bailan. Además de tambores, incluyen silbatos, timbales y otros instrumentos. La batucada se caracteriza por su estilo repetitivo y su ritmo acelerado.

¿TE APETECE PARTICIPAR EN ALGUNA?

88 ASISTE A UNA SESIÓN DE ESPIRITISMO

Organiza una sesión de espiritismo para tus amigas y amigos. Normalmente se hace a través de un o una médium, pero como experiencia y para echarse unas risas, puedes intentar ser tú quien dirija la sesión.
Con un poco de preparación y guiándote con estos sencillos pasos, puedes.

1. Escoge un lugar libre de ruidos y de contaminación lumínica. Desconecta todos los aparatos electrónicos y teléfonos para minimizar las interferencias.

2. Ambienta la habitación con velas y algún elemento esotérico.

3. Los participantes deben situarse alrededor de una mesa redonda. Pueden cogerse de las manos y mantenerse lo más quietos posible.

4. Recuerda que estás jugando. Empieza la sesión pidiendo permiso a los espíritus.

5. Comienza preguntando: "¿Hay alguien aquí que quiere hablar con nosotros?" Las preguntas de SÍ o NO funcionan mejor.

6. Hay que estar atentos a pequeños ruidos, a veces los espíritus se comunican con golpes. Puedes pedirles que se comuniquen a través de una *ouija*.

7. Cuando hayas terminado la sesión, debes darles las gracias a los espíritus por haberte permitido comunicar con ellos.

89 ORGANIZA UN CONCURSO DE *BEATBOXING*

Seguro que has visto alguna vez una exhibición de *beatbox*, aunque quizás no conozcas el nombre. El *Beatboxing* o *beatbox* es la capacidad de reproducir distintos sonidos de manera vocal, imitando instrumentos como la batería, los platillos, la caja de ritmos, los vientos…, usando solamente el aparato fonador (labios, boca, lengua, pliegues vocales, etc.). Hizo su aparición a partir de los años 80 y es un elemento instrumental más en el mundo del hip-hop.

Esta habilidad requiere de técnica, control de la respiración, ritmo y práctica.

¿TE ATREVES A PROBARLO?

Es importante practicarlo en grupo y así poder hacer exhibiciones e incluso organizar concursos.

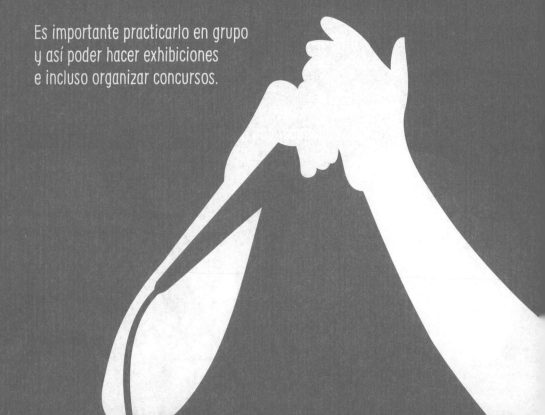

90
INVITA A ALGUIEN A CENAR A PARÍS

Seguro que alguna vez has soñado con que alguien te dijera
que te arreglaras, que te despidieras de tu gente hasta
el día siguiente y que esperaras en el portal de tu casa.
A continuación, un coche te recogía, una vez dentro te vendaban
los ojos y no te los destapaban hasta que te encontrabas
en un avión con destino París, la ciudad del amor.

En París te esperaba una cena romántica y un noche de ensueño.
Todo suena un poco cursi, pero ¿de verdad no te habría gustado?

Pues organiza este regalo soñado, e invita a alguien amado
a cenar en París por sorpresa.

¡TE LO AGRADECERÁN!

91 APRENDE A JUGAR AL AJEDREZ

El **ajedrez** es un juego que **fortalece el razionamiento lógico, da plasticidad neuronal, ralentiza la pérdida de memoria, mejora la atención y concentración, estimula la capacidad de análisis y el cálculo mental, ayuda a afrontar situaciones difíciles, retrasa el deterioro cognitivo, fortalece la salud emocional y las emociones positivas, y es una excelente herramienta de socialización.**
Por eso es en una actividad muy recomendable para personas mayores.

Más allá de todos estos beneficios, el ajedrez es un juego y como tal es entretenido. Gracias a las numerosas plataformas que existen en Internet, podrás jugar en la distancia y con contrincantes de todo el mundo
sin distinción de edad. Hay también centros culturales y clubs de ajedrez donde puedes encontrar jugadores y también clases, en caso de necesitarlas.

¡ESTIMULA EL CEREBRO!

92 CREA UNA RADIO AMATEUR

Montar una radio amateur, puede ser una actividad muy motivadora para personas mayores. Deberás animar a algunos amigos y formar un equipo. El objetivo debería ser poder llegar emitir los programas dirigidos a personas mayores.

1. Primero será interesante que, junto con un equipo de colaboradores, escuches programas de radio de diversos tipos y te fijes en los contenidos, en el tipo de lenguaje que usan, la música, la careta de entrada...

2. Piensa bien los intereses de la gente mayor, público a quien se dirigirá la radio. Busca un buen nombre para la emisora.

3. Para empezar escoge tres tipos de programas y desarróllalos con guion y escaleta (donde se muestra el orden de los contenidos durante la emisión). Ponles nombre.

4. Ensaya y haz pruebas de voz junto al equipo colaborador.

5. Prepara la grabación con un móvil, una tableta o un ordenador y varios micrófonos.

6. Hay varios recursos en Internet que pueden ser útiles para el programa como Cast (plataforma donde se incluye un estudio de radio virtual para grabar. Es de pago, pero ofrece 30 días gratis) o Audacity (software para grabar sonidos).

7. En Internet, también encontrarás webs en las que podrás subir los programas una vez grabados (algunos de ellos sería Soundcloud, Ivoox, Listen 2 my radio).

8. También precisarás de algunos programas informáticos que deberás consultar con un informático.

93 PASA UNA NOCHE EN UNA CASA DE UN ÁRBOL

¿Has soñado en dormir cerca de las estrellas? Pues ahora haz realidad tu sueño de manera literal y alójate en una casa construida encima de un árbol. Varias empresas turísticas ofrecen este tipo de cabañas en las que podrás vivir un encuentro total con la naturaleza.

La luz del sol y el canto de los pájaros será lo único que interrumpirá tu reposo. Podrás pasar la noche a 6 o a 16 metros del suelo en un alojamiento único, donde la belleza, la tranquilidad y la austeridad son el verdadero lujo.

UNA VERDADERA EXPERIENCIA VERDE DE UNIÓN CON LA NATURALEZA EN LA QUE PODRÁS AFRONTAR LOS HECHOS ESENCIALES DE LA VIDA.

94 ASISTE AL CONCIERTO DE UNA BANDA FAMOSA

Las principales ciudades de nuestro país, acogen anualmente grupos y cantantes internacionales importantísimos. Los Rolling Stones, Sting, Justin Bieber, Paul McCartney, Maluma, Iron Miaden, Bryan Adams, Bruce Sprigsteen, Jethro Tull...

ASISTE A ALGUNOS DE LOS GRANDES ESTADIOS Y NO TE PIERDAS LA EXPERIENCIA DE VIVIR UN BUEN CONCIERTO EN DIRECTO

95 PRACTICA NATACIÓN

La natación es uno de los deportes más completos. En todos los municipios encontrarás un club de natación donde podrás practicarla al ritmo de la gente mayor.

No dejes de practicarla si ya lo hacías o apúntate si no lo hacías. Tu espalda y cervicales, tus articulaciones, el corazón y la presión arterial te lo agradecerán.

CROL

ESPALDA

BRAZA

MARIPOSA

96 CONSIGUE SEGREGAR ENDORFINAS

¿SABES QUÉ SON LAS ENDORFINAS?

Son sustancias producidas por nuestro cerebro a modo
de recompensa, que estimulan los centros de placer creando
efectos satisfactorias que contribuyen a eliminar el malestar.
Son conocidas como las «hormonas de la felicidad»,
ya que producen sensación de placer.

¿En qué situaciones tu cuerpo segrega endorfinas?
• Cuando haces deporte.
• Cuando bailas.
• Cuando ríes.
• Cuando te relajas.
• Cuando duermes bien.
• Cuando comes de manera saludable.
• Cuando te dan masajes.
• Cuando te dan besos y caricias.

VIVE UNA VIDA MÁS PLACENTERA CON LA AYUDA DE LAS ENDORFINAS

97 DE EXCURSIÓN EN *QUAD*

Si eres una persona dispuesta a vivir una auténtica aventura, (siempre con la mayor precaución posible), los paseos en *quad*, que ofrecen diversas empresas, son una buena opción.

Las rutas se realizan por senderos de montaña —siempre protegiendo al máximo el medio ambiente— para poder observar, vivir y disfrutar de la naturaleza.

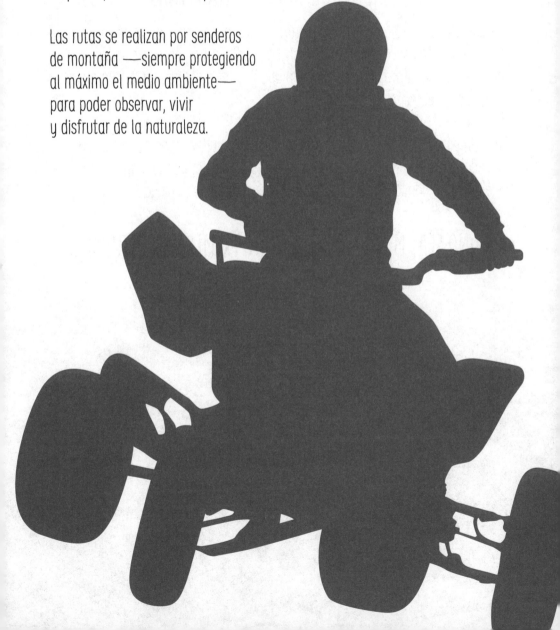

98 CREA ESCULTURAS DE ARENA EN LA PLAYA

Actualmente, en nuestras playas no solo encontrarás los típicos castillos infantiles, sino que podrás ver auténticos artistas de arte efímero que construyen esculturas espectaculares hechas solo con arena.

¿Te gustaría crear una de estas esculturas gigantes? Hazte con todas las herramientas necesarias (pala, rastrillo, rodillo, cubos, espray, cortadores y brochas). Necesitarás un espacio de playa liso, lejos del agua y mucha arena mojada sin piedrecitas ni algas.

Cava un pozo cerca de donde quieras fabricar la escultura y de allí saca la arena húmeda. Procura crear unos buenos cimientos y no dejar que la arena se seque. Deja que te ayude la gente y los pequeños que estén en la playa.

¡NO SEAS MUY EXIGENTE CON TU PRIMERA ESCULTURA!

TIENE UNA ELABORACIÓN TAN SENCILLA QUE ¡NO VAS NI A CREÉRTELO!

Podrás hacerlo con tus nietos y os vais a chupar los dedos en Navidad.

Ingredientes:

- 400 g de almendras molidas
- 400 g de azúcar glas
- 6 yemas de huevo
- 250 g de azúcar

Utensilios:

- Bol
- Batidor manual
- Cuchara sopera
- Moldes rectangulares
- Quemador

1 En un bol, mezcla la almendra molida con el azúcar. Dale forma de volcán a la preparación, añade las yemas en el cráter del volcán y mézclalo todo bien hasta que quede una masa homogénea.

2 Reparte la masa en moldes rectangulares y pon un trozo de papel de horno sobre cada uno y encima del papel, un peso.

3 Deja la preparación tres o cuatro días fuera de la nevera.

4 Saca el papel y el peso y recubre el turrón con una capa de azúcar glas y tuéstalo con el quemador hasta que quede caramelizado. Déjalo enfriar y repite la operación por la otra cara del dulce.

100 BÁÑATE EN AGUAS TERMALES

Los beneficios de las aguas termales eran ya conocidos por civilizaciones como las de Grecia y Roma. Sus propiedades curativas se han utilizado como tratamiento natural para varias dolencias humanas, durante miles de años. Son aguas que provienen de las capas subterráneas de la tierra. Están a mayor temperatura que la superficie y son ricas en minerales como: el hierro, el cloro, el calcio, el sodio y el magnesio.

Actualmente, y en todo el mundo, se utilizan en tratamientos terapéuticos, sobre todo en forma de baños. Sus principales aportaciones son:

- Relajar totalmente. Contribuyen a reducir la ansiedad, mejoran el descanso y la calidad del sueño.
- Activar la circulación sanguínea. Ayudar a reducir la insuficiencia venosa, las arañas vasculares o las piernas cansadas.
- Producir un efecto depurativo en la sangre.

- Mejorar la respiración y la entrada de oxígeno a los pulmones.
- Aumentar la temperatura corporal, y la oxigenación. De este modo, ayudan a disolver y eliminar las toxinas.
- Disminuir las contracturas musculares. Relajar los músculos, aliviando problemas como la lumbalgia o la tendinitis.
- Disminuir la tensión arterial y otros problemas cardiovasculares.
- Estimular el sistema inmunitario y generar naturalmente la producción de endorfinas, hormona clave en la recuperación de enfermedades físicas y psicológicas.
- Mejorar el proceso metabólico y facilitar la digestión de todo tipo de alimentos.
- Mejorar afecciones cutáneas.

Europa y España están llenos de complejos termales donde poder tomar un baño a 50° o más.

¡DATE ESE GUSTO!

Copyright © 2022 by Àngels Navarro
Autora representada por IMC Agencia Literaria S.L.
Ilustraciones Idoia Iribertegui Iriguibel
Diseño y maquetación: Nuria Altamirano
All Rights Reserved
© 2022 by Ediciones Urano, S.A.U
Plaza de los Reyes Magos, 8, piso 1.ª C y D – 28007 Madrid
www.terapiasverdes.com

ISBN: 978-84-16972-96-8
E-ISBN: 978-84-19251-97-8

Depósito legal: B-16.993-2022

Impresor por LIBERDÚPLEX
Ctra. BV 2249 km 7,4 – Polígono Industrial Torrentofondo
08791 Sant Llorenç d'Hortons (Barcelona)

Impreso en España – *Printed in Spain*